periplaneta

BIRGIT HUFNAGL: „Ross und Reimer – Gedichte"
1. Auflage, November 2017, Periplaneta Berlin, Edition Reimzwang

© 2017 Periplaneta - Verlag und Mediengruppe
Inh. Marion Alexa Müller, Bornholmer Str. 81a, 10439 Berlin
www.periplaneta.com

Alle Rechte vorbehalten. Nachdruck, Übersetzung, Vortrag und
Übertragung, Vertonung, Verfilmung, Vervielfältigung, Digitalisierung,
kommerzielle Verwertung des Inhaltes, gleich welcher Art,
auch auszugsweise, nur mit schriftlicher Genehmigung des Verlags.

Cover mit einem Foto von Andreas Kandsberger.
Gedruckt und gebunden in Deutschland
Gedruckt auf FSC- und PEFC-zertifiziertem Werkdruckpapier

ISBN: 978-3-95996-026-7

Birgit Hufnagl

Ross und Reimer
Gedichte

periplaneta

A

ALTenpfleger BALThasar

BALThasar bringt mit dem ALTen FALTrad ALTpapier
weg. Er teilt unterwegs sein eiskALTes ALTbier
mit seinem urALTen ALTdeutschen
Schäferhund. BALThasars GangschALTung
und FlaschenhALTer sind defekt. In der VerwALTung
des ALTenheims darf BALThasar eine
WerbeverkaufsveranstALTung veranstALTen.
Für handbemALTe ServiettenhALTer
kann BALThasar ALTgold erhALTen,
weil der ALTeisenhändler sein
Bargeld nicht verwALTen
darf. Der kALTherzige SchALTerbeamte
mit den HalsfALTen
kauft getrocknete TagfALTer. BALThasars
Cremes gegen HautALTerung,
ALTersflecken und ALTersfalten
hALTen alle ALTen jung!
Selbst dem kALTblütigen, ehemaligen
GewALTverbrecher,
einer VerwALTungsfachangestellten
und einem Teamsprecher
verkauft BALThasar Mittel, die den
ALTerungsprozess aufhALTen.
Beim Heimfahren reißt sein
SchALTzug beim SchALTen.

A
AMTsveterinärin Amelia

AMTsveterinärin Amelias Araberstute
namens ‚AMTfrau'
keilt sAMT SAMTschabracke in blau
erbost auf ein AMTliches Autokennzeichen.
AMTsmänner und zwei PolizeibeAMTinnen weichen
vorm hohen AMTsgebäude des
statistischen LandesAMTs zurück.
Vor dem StandsAMT landet ein kleines Stück
vom Nummernschild! ‚AMTfrau' erringt
insgesAMT drei GesAMTsiege
auf dem Turnierplatz. Amelia verliert ihre SAMTfliege,
SAMThandschuhe, SAMTschleifen
und einen SAMTschal,
als ‚AMTfraus' große SAMTaugen schmal
werden, die SAMTenen Nüstern beben
und sie AMTsveterinärin Amelia neben
dem verbeAMTeten Turnierrichter von
ihrem Rücken herunterbuckelt.
Bevor sie verdammt friedlich
Richtung ArbeitsAMT zuckelt.

A

AnTONs TONstudio

AnTONs Stolz ist sein TONstudio im KanTON
Graubünden in der Schweiz. Sein Sohn
TONi beTONiert ihm mit TONnenschweren
Baumaschinen schon
zum dritten Mal die Garagenzufahrt gegen Lohn.
Beide lieben architekTONische
Kunstwerke aus StahlbeTON
und das TONtaubenschießen. Vorm Mikrofon
ahmt Stimmgenie AnTON jeden
MissTON vom Grammofon
nach und den WählTON vom Telefon
verTONt er in allen TONlagen. Roter Mohn
wächst vor der Garage, in welcher Sohn
TONi behelfsmäßig ein breTONisches
Zugpferd einquartierte. MonoTON
schabt das Tier auf dem kahlen BeTON,
bevor es beTONt langsam eine riesengroße Portion
Rossäpfel fallen lässt; fast wie zum Hohn.

A

ARThur und MARTina

ARThur mit der HasenschARTe
und dem unbehaARTen
Kopf hat im schmuddeligen
WARTehäuschen beim WARTen
die smARTe MARTina kennengelernt.
ARThur ist TankwART,
isst gern frittierte SpeckschwARTen und spielt DART.
MARTina hat ein QuARTer Horse mit ARThrose
vorm Schlachter gerettet und ist seitdem große
Verfechterin der veganen LebensART.
Neuerdings trainiert ARThur
hART auf der TARTanbahn und verspeist nur
gegARTe KARToffeln und ARTischocken.
Fast jede Unterhaltung
dreht sich momentan um die
ARTgerechte Tierhaltung.

A

ARZTgattin Augusta

ARZTgattin Augusta liest
ARZTromane, ARZTberichte
und sämtliche Kennzahlen zur ARZTdichte.
Sie verfolgt ARZTfilme, kennt die
häufigsten ARZTdiagnosen
und macht täglich ARZTbewertungen in der großen
Welt des Internets. In der ARZTtasche
ihres Mannes entdeckt sie eine Flasche
Anisschnaps zwischen ARZTbriefen und ARZTkittel.
Seit ihr Mann den ARZTtitel
führt, muss sie zum ARZTtermin im ARZTzimmer
erscheinen. Für ARZTgespräch und
ARZTuntersuchung gibt's immer
ARZTrechnungen für Augusta! ARZTfachhelferinnen
und ARZTassistentinnen verlocken
derweil ihren Mann auf ARZTmöbeln in ARZTsocken.
Er will alle verARZTen, als LeibARZT!
Die ARZTlampe erlischt. Die ARZTliege knARZT.

A

ASTrids Traum

Und ASTrid träumt, sie wäre zu GAST
im Altenheim und müsste mit gelbem BASTelbAST
zusammen mit Senioren bASTeln.
Letztere sprechen fAST
ausschließlich über das Leben im königlichen PalAST,
von den unhaltbaren Zuständen
bei der SchweinemAST
und vom tristen Gefangenenleben im KnAST,
weil sich Fernsehreportagen mit
diesen Themen befasst
hatten, die sie sahen. Unter der LAST
des Schnees bricht draußen lautstark ein AST.
Die Alten bASTeln ohne Eile und HAST
und nach der Stunde machen sie RAST
im Speisesaal. Die meisten haben sich gefasst
dem ereignislosen, ruhigen Leben
im Heim angepasst.

AUF DER TRABRENNBAHN

Traber traben auf Trabrennbahnen in Schwaben,
während die Trainer im Sulky erhaben
sitzen. Es glänzen Speichen und Naben
der Reifen, die sich im Turf eingraben.
Trainer und schnelle Pferde bahnen
sich den Weg in Richtung Zielfahnen
und glauben zu ahnen,
wer gleich das Preisgeld absahnen
wird. Glückliche Gewinner beginnen,
das mit dem Gewinnen
möglichst oft zu wiederholen.
Doch Glück kommt von selbst verstohlen
oftmals gern auf leisen Sohlen.
Prinzipiell wird's lebenslänglich in
kleinen Dosen empfohlen.

A

AUGEnarzt Augustin

AUGEnarzt Augustin beobachtet mit ArgusAUGEn
seine AUGEnkranken Putzfrauen beim SAUGEn
und beim Umgang mit PutzlAUGEn.
Nicht, dass sie viel tAUGEn;
aber mit AUGEnärztlicher Behandlung,
AUGEnoperationen,
AUGEnlidstraffungen, AUGEnpflegeprodukten
und freiem Wohnen
kann er sie komplett entlohnen.
Seine AUGEnlinsen sollte er schonen.
Er beäugt seine PfauenAUGEn-Buschfische,
bevor er AUGEnblicklich in frische
LAUGEnbrezen beißt. Weil
AUGEnarztkongresse stressen
und AUGEnringe verursachen, sind Kompressen
mit AUGEntrost, AUGEnmuskeltraining und violette
AUGEngläser angesagt. Sein AUGEnstern Annette,
eine Brünette mit SchlitzAUGEn, pflegt
sein HühnerAUGE. Sein AUGEntumor regt
ihn schon längst nicht mehr auf. Rote
GottesAUGEn wünscht er als
Grabbepflanzung. Eine tote
Fliege mit FacettenAUGEn liegt unter dem Bild
mit den AdlerAUGEn. Seine AUGEnsalbe soll mild
wirken; nur kann sie schwindendes AUGEnlicht nicht
stoppen. Gelbliches AUGEnweiß
schimmert in Augustins Gesicht.

A

AUTOhändler August

AUTOhändler August liest gern AUTObiografien,
mag AUToren, die über AUTOpsien
schreiben, AUTOscooter und
vollAUTOmatische AUTOwaschanlagen.
Unzuverlässige AUTOhersteller und
AUTOimmunerkrankungen plagen
August, als er AUTOreifen, AUTObatterien,
TretAUTOs, AUTOgas, AUTOlack im GrAUTOn,
AUTOfolie, AUTOmotoren und AUTOglas bestellt.
Das AUTOnome Landfahrzeug in seiner
AUTOwerkstatt und ElektroAUTOs erregen Aufsehen.
Ein DrehbuchAUTOr hat sein AUTOhaus gemietet!
August poliert AUTOmatisch AUTOkennzeichen,
während ein AUTOrenduo AUTOwracks mit
unechten Leichen ausstattet. AUTOren klettern
über AUTOanhänger und AUTOdach und ein
AUTOkorso mit RennAUTOs macht Krach
vorm AUTOabstellplatz. August schielt auf
seine AUTOmatikuhr, macht etwas AUTOgenes
Training und verreibt AUTOpolitur.
AUTOritätspersonen vom Film kritisieren
ParkAUTOmaten und AUTOexporte
und lassen über AUTOindustrie und
AUTOmatisierung Schimpfworte
fallen. Dann überreichen sie August
unaufgefordert AUTOgrammkarten.
August darf mit ihnen ins AUTOkino starten!

B

BILDhauer Josef

BILDhauer Josef gehört zur BILDungsfernen
Schicht. Seine BILDhübschen Töchter lernen
nicht viel, außer BILDhauerischer Fähigkeiten.
BILDerbücher, MalBILDer und
BILDersuchfahrten bereiten
allen Freude! Josef spricht BILDhaft,
fertigt vorBILDliche BILDhauerarbeiten und schafft
es, BILDsymbole, BILDzeichen und HochzeitsBILDer
zu hinterlassen und in wilder
Entschlossenheit BILDlich von der
BILDfläche zu verschwinden.
Neben BILDkalendern, BILDungsgutscheinen,
BILDerhaken und RöntgenBILDern finden
die Töchter ZeichenBILDer,
BILDermappen und ein BILDerquiz
mit handgemalten BILDern. Wenn Josef der Biss
fehlt, macht er BILDungsurlaub und
BILDungsreisen. BILDung
sind für ihn auch BILDerausstellungen.
Neuen Schwung
bringen eine BILDergaleristin und
eine neue BILDschirmbrille
in sein Leben. Vorm FernsehBILD herrscht Stille.

B

BIERbrauer Bastian

Bastian überlässt BIERtrinkern in
BIERbraukursen das BIERbrauen
und während alle BIERsuppe mit BIERwurst verdauen,
proBIERen Bastian und fünf
KolumBIER das flamBIERen
mit BIERlikör aus. Zwei der
BIERlasterfahrer kollaBIERen.
Den BuchstaBIERwettbewerb gewinnt
einer von den BarBIERen,
weil er BIERernst und fehlerfrei
‚masturBIERen' buchstaBIERen
kann. Er gewinnt ein BIERbrauset und ProBIERsocken.
Bei der Fahrt mit der BIERkutsche bocken
die Brauereipferde, während der
BIERkutscher BIERselig BIERschinken
isst. BIERzeltwirte verschlingen BIERschnitzel
mit BIERschaumsoße, trinken
FreiBIER und FassBIER aus BIERfässern und beenden
die BIERverkostung als BIERleichen.
Zwischen BIERstuben wenden
die BIERkutschen und die Zugpferde saufen AltBIER
aus BIERkrügen. Bastian bringt BIERreden zu Papier.
Der nächste BIERabend wird mit BIERmusik starten;
Der BIERbauchige BIERbrauer Bastian
kann's kaum erwarten!

B

Björns Traum

BAUMschulinhaber Björn träumt von BAUMwanzen,
BAUMratten und BAUMmardern; BAUMfäller tanzen
seltsamerweise auch durch seinen Traum.
Riesige Walnüsse BAUMeln am NussBAUM
vor seinem BAUMhaushotel. Mountainbiker purzeln
über die BAUMstämme und BAUMwurzeln,
die unter dem BAUMwipfelpfad liegen.
BAUMbart, BAUMfarn und BAUMkronen wiegen
sanft im Wind. Verschiedene BAUMkrankheiten,
BAUMbewohnende Ständerpilze und
BAUMschädlinge bereiten
Schwierigkeiten. Björn lässt den BAUMbestand
roden und das BAUMlose Land
will er mit BAUMhaushotels bestücken.
Gerade, als die BAUMkontrolleure anrücken,
erwacht Björn aus seinen
sonderbaren, wirren Träumen.
Björn liebt seine BAUMschule
mitsamt intakten Bäumen!

B

BLINDenführerin Birte

BLINDenführerin Birte ist nachtBLIND,
farbenBLIND und grundgütig.
Als ein StockBLINDer mit dem
BLINDenstock BLINDwütig
seinen BLINDenhund verdrischt und
die BLINDenbinde verliert,
ist's Birte, die vorm BLINDenheim
Polizisten informiert.
Am Informationsstand vom BLINDenverein
stolpert ein halbBLINDer
Polizist, während TaubBLINDe BLINDentastaturen
ausprobieren und Kinder
‚BLINDe Kuh' spielen. Eine Dame
vom BLINDenverband
unterbricht eine BLINDverkostung
und verbindet die Hand
des Polizisten zwischen BLINDenampeln.
Der StockBLINDe schmeißt
die BLINDenbrille weg, die sein
BLINDenhund zerbeißt.
Der vermeintlich StockBLINDe
flüchtet BLINDlings nach einer
Straftat! Birte versorgt den erBLINDeten
BLINDenhund Reiner.

B

BOGENschiesslehrerin Ingeborg
Ingeborg wohnt neben BOGENampeln
mit einem BOGENbauer
unter BOGENartigen Raumdecken überm
BOGENgeschäft. Ihr schlauer
Bullterrier mit dem geBOGENen Nasenrücken
frisst BOGENhanf, BOGENpfeile und Mücken,
bevor er neben BOGENtaschen
unterm SpülrohrBOGEN ruht.
BOGENschießlehrerin Ingeborg spielt
BOGENharfe und kann gut
vom BOGENunterricht in BOGENvereinen,
BOGENclubs und BOGENcentern
leben. Beim BOGENfischen mittels
eines HandBOGENs kentern
der BOGENbauer und Ingeborg mit einem Boot.
Die BOGENlampe neben dem
BOGENfenster leuchtet rot,
während BOGENschützin
Ingeborg AugenBOGENbruch und
EllenBOGENschleimbeutelentzündung auskuriert
und wegen BOGENförmigen Gesichtsausfällen
und BOGENturnieren herumtelefoniert.
Mit Tumoren im GaumenBOGEN und
doppelseitiger BOGENwurzelfraktur
geht sie mit BOGENfreunden auf eine Kur.

B

BOXerin Bianca

Nach vielen BOXkämpfen ist
BOXerin Bianca BOXenluder
und BOXtrainerin einer KickBOXgruppe.
Ihr BOXender Bruder
ist BOXchampion und kann ihr Jobs vermitteln.
Bianca verehrt PreisBOXer, BOXer, die mit BOXtiteln
aufwarten können, Besitzer von BOXerhunden,
ProfiBOXer in BOXershorts und Kunden
ihrer neu gegründeten BOXschule. Sie kauft vergnügt
BOXbandagen, BOXsäcke, VisitenkartenBOXen
und BOXhandschuhe und rügt
BOXanfängerinnen aus der FrauenBOXgruppe,
die BOXregeln missachten.
Auf ihren BOXmatten in der BOXhalle übernachten
oft BOXfans und ein Hersteller
von GitterBOXpaletten.
Manche dürfen auf ihre BOXspringsofas
und BOXspringbetten!

B
BRANDschutzbeauftragter Bengt

BRANDschutzbeauftragter Bengt beantwortet
BRANDeilig sämtliche BRANDschutzfragen.
Er liebt WeinBRAND! Seine Pferde tragen
BRANDzeichen und werden öfter
von BRANDgänsen besucht.
Bengt besitzt BRANDungsruten fürs
BRANDungsangeln. Er bucht
BRANDheiße Urlaubsangebote und bekommt
BRANDblasen vom SonnenBRAND!
Bengt experimentiert mit BRANDquellen
vor einer BRANDschutzwand
und fängt BRANDstifter vor
BRANDmeldern beim GroßBRAND
im Wohnhaus eines leitenden BRANDdirektors.
Unterm BRANDwundenverband
heilt Bengts BRANDverletzung; doch
jeder BRANDgeruch stört
sein Geruchsempfinden! Bengt
bekommt WundBRAND und hört
auf mit dem Arbeiten. Er lernt BRANDmalerei
und nascht BRANDteigkrapfen, BRANDteigtorte
und WeinBRANDbohnen dabei.
Bengt lebt mit Pferden und BRANDenten
vom Belohnungsgeld vom BRAND und Renten.

B

BRIEFzustellerin Brenda

Brenda sammelt BRIEFwaagen, züchtet
BRIEFtauben, hat schiefe
Schneidezähne und liebt antike BRIEFliteratur
und HyothekenpfandBRIEFe.
Vor BRIEFkästen, BRIEFkastenfirmen
und BRIEFkastenanlagen,
mitten beim BRIEFe austragen, versagen
ihre Beine oft. Brenda klebt DrohBRIEFe, BRIEFmarken
und BeschwerdeBRIEFe auf Autos, die
unvorschriftsmäßig parken;
vorzugsweise in BRIEFkuverts für BRIEFwahlen
und BRIEFdrucksachen. BRIEFgebühren
und Postleitzahlen
kennt sie auswendig, wie auch
BRIEFvorlagen, BRIEFnormen,
BRIEFlaufzeiten, den Inhalt ihrer
BRIEFtasche und BRIEFformen.
Sie verschickt ErpresserBRIEFe an einen
ehemaligen GeldBRIEFträger
und engagiert sicherheitshalber BRIEFlich
einen Handkanten-Schläger.
Sie klaut WertBRIEFe und schreibt
einen AbschiedsBRIEF.
Ihr Freitod vorm BRIEFpostamt trifft keinen tief.

B

BROTbäckerin Iris

BROTbäckerin Iris erfindet beim BROTbacken
neue BROTteigarten. Ihre ständigen
Heißhungerattacken
quälen sie an der BROTschneidemaschine,
und wenn in der Vitrine
BROTscheiben mit diversen
BROTaufstrichen liegen bleiben,
muss sie sich diese einverleiben.
Iris kocht BROTsuppe aus BauernBROTen,
als sie den zerquetschten, toten
BROTkäfer erblickt; neben dem BROTmesser.
Sie reinigt den BROTbackofen besser
denn je. Ein kleines ZuBROT
verdient sie sich bei Geldnot
in der BROTfabrik nebenan. BROTchips
von dort bilden mit Erdnussflips
ihr AbendBROT. Anscheinend hat sie eine ‚BROTlose
Kunst' erlernt. Nachdenklich
schließt sie die BROTdose.

B

BUCHhändlerin Babette

BUCHhändlerin Babette liest unzählige BUCHseiten
zwischen BUCHdeckeln und dem Zubereiten
von BUCHstabensuppe, BUCHweizenbrot
und BUCHweizenpfannkuchen.
BUCHmacher, BUCHprüfer und FrühBUCHer BUCHen
Urlaub, während Babette im KursBUCH
der Bahn schmökert und Besuch
von BUCHautoren und BUCHfinken empfängt.
An BUCHvorstellungen und BUCHführung denkt
sie unablässig, wenn sie BUCHtitel
im Kopf sortiert und Pflanzenschutzmittel
gegen BUCHsbaumzünsler ausprobiert.
Wegen EinBUCHtungen
im Darm hat Babette notgedrungen
auf der BUCHmesse ein MedizinBUCH
intensiv studiert, einen stillen Fluch
getan und eine geBUCHte Reise
verschoben. Babette diskutiert über BUCHpreise;
selbst beim BUCHeckern sammeln unter
ihren RotBUCHen spricht sie munter
ins Mobiltelefon. Beim BUCHankauf entzücken
sie BUCHcover und sogar BUCHrücken!
In ParkBUCHten und lauschigen
BadeBUCHten an Badeseen
will Babette stets BUCHrezensionen
und BUCHkritiken ansehen!

B

BÜHNENmalerin Beate

Beate reist mit ihrem BÜHNENanhänger
samt BÜHNENpodesten,
BÜHNENplatten und BÜHNENdekoration mit
BÜHNENtechnikern zu BÜHNENfesten.
Grelle BÜHNENlampen, kunterbunte
BÜHNENvorhänge, BÜHNENhelfer,
BÜHNENkleidung, BÜHNENrequisiten;
sogar BÜHNENkünstler kann Beate
vermitteln und vermieten!
Mit BÜHNENbildnern, übrigen BÜHNENteilen
und einem BÜHNENbauer
zieht sie sich für die komplette Dauer
eines BÜHNENprogramms hinter ihren
geräumigen BÜHNENwagen zurück.
Sie schreibt BÜHNENmanuskripte und
ein BÜHNENreifes BÜHNENstück
von ‚Begegnungen mit BÜHNENstars
und dem BÜHNENinspektor'.
Beate befindet sich im BÜHNENunterbau
unterm BÜHNENchor
mit BÜHNENneulingen, einem
BÜHNENplastiker und dem BÜHNENleiter.
Auf dem BÜHNENparkett geht die
BÜHNENinszenierung weiter.

B

BÜRGERmeisterin Britta

BÜRGERmeisterin Britta lebt als
SpießBÜRGERin von Flaschenpfand
und hält BÜRGERliche Gesetzbücher in der Hand
beim BÜRGERlichen Lustspiel!
Den EinBÜRGERungstest
besteht sie nach dem BÜRGERfest
als NeuBÜRGERin nicht und ihre
BÜRGERorientierte WutBÜRGERrede
bei der BÜRGERkomödie im BÜRGERsaal druckt jede
BÜRGERzeitung im Umkreis. Britta
probt immer wieder
im BÜRGERinformationszentrum
vor WohlstandsBÜRGERn und
DurchschnittsBÜRGERrinnen BÜRGERlieder.
Drei VizeBÜRGERmeister starten
BÜRGERumfragen und per BÜRGERentscheid
erhält BÜRGERmeisterin Britta im
BÜRGERraum mehr Zeit
zum Theaterspielen. Nach BÜRGERversammlungen
und den BÜRGERmeisterwahlen
will Britta im BÜRGERcenter die Wand bemalen.

B

BUNDestrainerin Birte

BUNDestrainerin Birte hat SchlüsselBUND
und Handy umgeBUNDen.
Ihr Liebhaber, ein ungeBUNDener
BUNDeswehrsoldat, ist verschwunden;
gemeinsam mit ihren bunten BUNDfaltenhosen,
KnieBUNDstrümpfen, zwei
BUNDsägen und BUNDlosen
Socken. Birte hört seit Stunden ‚falsch verBUNDen'!
An BUNDesstraßen suchen BUNDesweit
BUNDespolizisten mit Spürhunden
nach ihrem BUNDeswehrsoldaten,
der mit anderen VagaBUNDen
in BUNDesländern der BUNDesrepublik
vor BUNDesbanken Kunden
und Mitarbeiter mit BUNDstrumpfhosen
knebelte und erpresste.
BUNDestrainerin Birte trauert. Er war der beste
ungeBUNDene Liebhaber! Während der
langweiligen BUNDesjugendspiele piept
ihr Handy und der BUNDeswehrsoldat klingt verliebt
und will sie vor der BUNDesdruckerei sehen.
BUNDesbürgerin Birte würde sogar
den EheBUND eingehen.

B

BUSfahrer JakoBUS

BUSfahrer JakoBUS starrt auf vollBUSige
weibliche Schaufensterpuppen
in BUStierkleidern, bis ihm LuxusBUSse
und BUSreisegruppen
die Sicht versperren. JakoBUS lenkt
seinen FlughafenvorfeldBUS
vor den DornBUSch zwischen
BUSchwindröschen beim Fluss.
Sein MorBUS Crohn macht ihm zu schaffen
und aus dem KleinBUS vorm AirBUS gaffen
zwei Stewardessen in seine
Richtung. JakoBUS springt
vom BUSsitz vor den BUSmotor und durchdringt
das roBUSte, stachelige BUSchwerk.
Ein MäuseBUSsard fliegt
über JakoBUS, der beim Erleichtern
Schwächeanfälle kriegt
und über InBUSschrauben, BUSchmesser,
BamBUSstäbe, einen kompletten
InBUSschlüsselsatz und den Inhalt
von zwei BUStoiletten
das steile Flussufer hinabrollt. Auf seiner BUSspur
vorm BUSbahnhof übernimmt ein
ErsatzBUS seine BUStour.

C

Clownesse Carmen

Damit die schwerkranken Kinder in ihren warmen
Betten bleiben können, lässt Klinikclownin Carmen
sie mit den Köpfen, Beinen und Armen
zu ihren sanften Flötenklängen
und schrillen Weckalarmen
schlenkern. Und Carmen erzählt von zwei armen
kränklichen Pferden, die sie von zwei Ponyfarmen
geholt hat und die heute Therapiepferde sind.
Sie zeigt Fotos davon und jedes Kind
bekommt zum Abschluss eine rote
Plastiknase geschenkt.
Während ein Kind fröhlich die Plastiknase schwenkt,
singt Carmen ein Lied und holt Kuchen.
Die ersten Eltern kommen zum Besuchen
und Carmen zitiert, was sie loswerden muss:
‚Das Lachen erhält uns vernünftiger als der Verdruss!'

C

Computerkid Michael

Das Einzige, worauf Michael blicken
will, sind Symbole zum Anklicken
auf dem Bildschirm. Seltsame Flicken
verzieren seinen Pullover überm dicken
Bauch. Weil er nicht kicken
mag, übt er das Umknicken
mit dem Fuß. – Zwei Zicken
wollten ihn mal freundschaftlich zwicken;
das brachte ihn zum Austicken!
Das Mädchen mit dem todschicken
Schal drohte beinahe zu ersticken.
Die Gedanken an damals erquicken
ihn. Seine beiden Wellensittiche picken
im üppigen Menü mit Chicken.
Michaels quirlige Mutter züchtet Staudenwicken.
Von Zeit zu Zeit schicken
die Eltern ihn zur Psychologin, Frau Ricken.
Dort gelingt's ihm mit Regelmäßigkeit,
komplett wegzunicken.

C

ConsTANZe und Konstantin

Schon als Kind übte ConsTANZe das TANZen.
Ob auf dem Schulweg, samt schwerem Schulranzen
oder zu Hause zu TANZfilmen mit TANZmusik,
wo sie ihr TANZbein mit verklärtem Blick
schwang. Sie zeichnete lustige
TANZmäuse und TANZbären
und ließ sich begeistert ein TANZprojekt erklären,
bei dem sie im TANZcafe im Heimatort
mitwirken durfte. ConsTANZe machte
Fortschritte im TANZsport!
Sie TANZte auf TANZveranstaltungen
und auf TANZturnieren,
bis sie wegen eines Sturzes beim Trainieren
ins Krankenhaus musste. Dort
behandelte sie Konstantin,
den Chefarzt mit den Villen in Berlin
und Wien. Es entwickelte sich eine Liebesromanze
und noch heute bittet Konstantin seine ConsTANZe
zum TANZe! Die beiden haben eine große
TANZschule eröffnet. ConsTANZe
übt gerade eine TANZpose.
Sie liebt Konstantin und darf TANZkurse geben;
beide starten TANZend in ihr neues Leben!

Der Waldbauer

Es weht ein kalter, rauer
Wind und furchtbar starke Graupelschauer
durchnässen all die Menschen
neben der Friedhofsmauer.
Nicht nur Angehörige sind in tiefer Trauer
versunken. Es verstarb ein allseits
geschätzter Waldbauer,
der bei Waldarbeiten durch die kräftigen Hauer
eines Keilers regelrecht aufgeschlitzt
wurde. Wegen ungenauer
Angaben zum Unfall und weil ein flauer
Magen den Grabredner drückt, ist die Dauer
der Rede sehr kurz. Dass ein schlauer,
grausamer Keiler dem armen Bauern in blauer
Arbeitsmontur zum Verhängnis
wurde, stößt manchen sauer
auf. Erneut erscheint der Himmel unendlich grauer.
Der Tod liegt stets auf der Lauer!

D

Der WERner

Nachdenklich gießt WERner seine
SchWERtlilien in WERtheim.
Der SchWERlastverkehr hat sich
verdoppelt und insgeheim
hofft WERner, wie viele in der WERkstraße,
dass diese SchWERtransporte nach
Beendigung der Bauphase
des neuen HeimWERkermarkts beim
großen WERtstoffhof wieder
weniger werden. Er schnuppert am rosa Flieder,
während sich auf der anderen Straßenseite
irgendWER über die zwei Lastkraftwagen
mit stinkendem Teer beschWERt, die aus
WERnigerode stammen. WERner trinkt
IngWERbier, denkt an seine WERtgegenstände und
hinkt in seine WERkstatt. Er zählt sein Bargeld
im schWERen WERkzeugkoffer; er will die Welt
in Kürze bereisen! Mit IngWERplätzchen
und IngWERtee bewaffnet, sieht er
beim Fernsehen einen See
im WERdenfelser Land und danach
diverse Dokumentationen.
WERner öffnet eine Flasche WERmut
und Dosenbohnen.
Im Fernsehen geht's um den bedrohten SchWERtwal.
Irgendwie erschien's ihm einmal
lebensWERter. Anno dazumal.

D

Der WILLibald

Eigentlich WILL der krebskranke
WILLibald seine ZWILLingsschwester
mit einem Händedruck WILLkommen
heißen. Sein bester
Freund WILL ihm später WILLiams
Christbirnen vorbeibringen.
UnWILLkürlich muss WILLibald
schwer nach Atem ringen.
Eine WILLensstarke, gutWILLige
Krankenschwester umsorgt ihn perfekt;
ihre ZWILLingsschwangerschaft wird
vom weiten Kittel verdeckt.
Völlig WILLenlos liegt er im kleinen Krankenzimmer,
weil das Krebsgeschehen in
seinem Körper schlimmer
wird. Nicht ganz so freiWILLig WILLigte WILLibald
ein in eine erneute Therapie. Im Wald
WILL er in aller Ruhe und Stille
beerdigt werden. Das ist sein letzter WILLe.

D

DICHT

Kein Mensch ist darauf erpicht,
für ‚nicht ganz dicht'
erklärt zu werden. Undichte
Dichtungen erfüllen nicht
gerade ihren Zweck. Mit verbittertem Gesicht
sitzt ein Dichter über sein Gedicht
gebeugt; während er vor sich hin spricht
und aufs Dichtband fürs Fenster spart. ‚Licht
und Schatten' heißt ganz schlicht
das Motto einer Dichterlesung. Der Bericht
über die Dichtheitsprüfung von
Abwasserleitungen verspricht
manchmal nichts Gutes. Dichtungsringe
besitzen geringes Gewicht
und sind dennoch unendlich wichtig. Vor Gericht
verdichten sich Hinweise auf eine andere Sicht
des Tatbestands. Feinschmecker dichten
zuweilen übers Leibgericht.

D

DICHTer Danilo

DICHTer Danilo signiert dem Richter
einen GeDICHTband. Sein entzündeter, unDICHTer
Darm lässt ihn seine DICHTerlesungen niemals ohne
Toilettengänge überstehen. Beim
SpottgeDICHT über die Zitrone
muss Danilo in wasserDICHTen
Schuhen durch luftDICHTe
Türen flüchten; mitten im GeDICHT! Die Geschichte
geht gerade noch gut aus. Danilo DICHTet
gern auf Toiletten. Von unDICHTen
DICHTungen berichtet
er ausgerechnet in einem LiebesgeDICHT.
Von DICHTschäumen
und blickDICHTer Fensterfolie
lässt er Helden träumen
in seinem albernen HeldengeDICHT!
Danilos röntgenDICHTer Blasenstein
und seine Zahnwurzelkanäle mit
DICHTzement schmerzen ungemein.
Er kauft DICHTanstrich für Beton,
DICHTungsringe, DICHTdübel
und DICHTband für Fenster, als ihm übel
wird. Im Krankenhaus träumt
Danilo von DICHTkleber,
DICHTmitteln, dem unDICHTen
Darm und seiner Fettleber.

D

Die AnGELa

Und GELegenheitssportlerin AnGELa
träumt, ein Bekannter hätte
sie zum Langlaufen überredet und wegen Glätte
ist dann ein FleGEL in sie hineinGELaufen.
Das HandGELenk, ein ZehennaGEL
und das Schnaufen
tun ihr höllisch weh! Im abGELegenen GELände
richtet sie sich unGELenkig auf; fremde Hände
helfen ihr, wobei sie auch GELächter hört.
Sie bekommt GELbes Energy-GEL geschenkt. Verstört
nimmt sie ein KlinGELn im Ohr wahr,
bis sie erwacht. Sie bürstet ihr Haar,
schmiert Antifalten-GEL ins Gesicht und verspürt
GELüste auf Johannisbeer-Weinbrand-
GELee. Später führt
sie eine berufliche AnGELegenheit auf eine Messe,
wo ein unterwassertaugliches
iPad auf großes Interesse
stößt, das ein Mann mit geGELter IGELfrisur
aus einem Aquarium anGELt. In der Natur
kommt dies bei starkem Regen sehr GELegen!
GELegenheitsarbeiter verteilen
WerbekuGELschreiber mit GELminen und bewegen
sich durch Menschenmassen, die
GELd ausgeben sollen.
Wobei enGELhafte Kinder und BenGEL iPads wollen.

D

Die ANKE

ANKE und ihr Freund besitzen in FrANKEn
ein Trachtengeschäft, wo sie TrachtenjANKEr
verkaufen. RosenrANKEn
umrANKEn den Eingang und auf dem blANKEn
Parkettboden ist letztens der
Mann einer vollschlANKEn
Kundin ausgerutscht. ANKE trägt
Tattoos mit LöwenprANKEn
und SchiffsANKErn. Sie ist ständig am ZANKEn
mit ihrem Freund und mit einigen BANKEn
haben sie Probleme; obwohl sie sich bedANKEn
für zahlreiche Kredite. ANKE schickt
ihren alkoholkrANKEn
Freund, der wegen Schmerzen in beiden FlANKEn
am Jammern ist, zur Tankstelle zum TANKEn.
Sie sieht ihn noch zum Auto schwANKEn.
Wenig später fährt er, ganz in GedANKEn,
auf die Bahngleise zwischen sich
schließende BahnschrANKEn.
ANKEs Welt gerät ab da ins WANKEn.

D

Die BERTa

BERTa HilBERT liebt den NorBERT,
etliche Dinge mit hohem Sachwert
und hat gleichzeitig mit AdalBERT
eine Affäre. Als BERTa HilBERT
gemeinsam mit AdalBERT ein Konzert
besucht, sieht NorBERTs Bruder HerBERT
die beiden. Von HerBERT erfährt
NorBERT alles. Mit einem Zierschwert
sticht NorBERT daraufhin im Gasthof ‚Ritter KuniBERT'
spontan auf BERTa ein. Nicht ganz unversehrt
erwacht BERTa im Krankenhaus
neben Bettnachbar GilBERT,
einem bildhübschen Franzosen. Die
beiden plaudern unbeschwert
und hören stundenlang sämtliche
Klaviersonaten von SchuBERT.
Vergnügt füttert GilBERT BERTa mit
überbackenem CamemBERT
und BERTa erscheint ihr Leben so lebenswert!
Beide erhalten Rundumbetreuung vom
charmanten Chefarzt GisBERT.

D

Die EDELtraud

Für ihre EDELnelken, EDELrosen,
EDELtulpen und EDELpflaumen
hat die rEDELustige EDELtraud
einen grünen Daumen.
EDELtrauds EDELmütiger Ehemann besitzt
EDELbrennereien und EDELstahlfabriken
und kürzlich hat er EDELtraud einen dicken
EDELbluthaflinger, edle Jagdhunde und
ein EDELrestaurant geschenkt.
Während EDELtraud an EDELliköre und
EDELnussmischungen denkt
und mit der edlen Hündin EDELgard spielt,
wEDELt der EDELbluthaflinger
mit dem Schweif, schielt
auf den PalmwEDELsonnenschirm,
der neben ihm steht,
und scheut. Zwischen EDELtannen
und EDELkastanien dreht
das Tier vollends durch und überrennt EDELtraud.
Nun wird eine Urne aus EDELstahl gebaut.

D

Die HEIDEmarie

HEIDEmarie betreibt ein HEIDEhotel in der HEIDE.
HEIDEschnucken und HEIDEterrier
tollen auf der Weide
zwischen HEIDEröschen, HEIDEquellen
und HEIDEalmen am HEIDEsee.
Aus ihrer HEIDEimkerei verkauft HEIDEmarie
HEIDEhonig. HEIDEblütentee,
Gelee aus HEIDElbeeren und HEIDEsandkuchen
schätzen Stammgäste, die sie besuchen
und mit ihr durch HEIDElandschaften streifen.
HEIDEmarie pflückt HEIDEobst und stellt Seifen
aus HEIDEkrautgewächsen her. Sie
liebt bescHEIDEn HEIDEpflanzen
und ihre Lebenspartnerin HEIDElinde
und gemeinsam tanzen
beide durchs Leben! Bei ScHEIDEnpilz
und ScHEIDEntrockenheit
helfen HEIDEmaries begehrte ScHEIDEncremes
aus HEIDEkräutern jederzeit!

Die Hilde

Unlängst hat Hilde ihrem Sohn eine Bankvollmacht
erteilt; kurz drauf fiel sie in Ohnmacht und wurde
daraufhin endgültig ins Pflegeheim gebracht.
Mit ihrem Sohn hat Hilde sich verkracht,
weil sie sich jahrelang mit aller Macht
gegen die Heimunterbringung sträubte. Hildes
Kunstknie kracht und die ständigen Geräusche
im angrenzenden Fahrstuhlschacht
nerven sie einige tausendmal mehr als gedacht.
Blumenstöcke aus Plastik bilden
die ganze Blumenpracht
im Zimmer. Sie hegt den leisen Verdacht,
dass ihr Kunstknie nicht mehr lang mitmacht.
Auf dem einzigen gerahmten kleinen Foto lacht
ihr verstorbener Gatte vergnügt bei einer
Tortenschlacht inmitten seiner vielen
Kameraden von der Bergwacht.
Zwei Ordensschwestern in einer grässlichen
grauen Tracht bringen Abendessen und
Medikamente kurz nach acht,
denn der Pflegenotstand hat die
Dienstpläne durcheinandergebracht.
Müde nickt Hilde irgendwann
zwischen der Abendandacht
und einem grausigen Mord in der Kriminacht
im Fernsehen ein. Erst nach Stunden erwacht
sie; obwohl die Türschwelle zum Bad abgeflacht
ist, kommt sie zu Fall. Und sacht
hat Hilde für immer die Augen zugemacht.

D

Die INGE

INGEnieurin INGE hat INGEnieurinformatik
studiert. Hastig verschlINGEn
sie und Kollegin INGEborg Semmeln. Sie verbrINGEn
die ganze Zeit vorm Computer. INGE gellINGEn
vor allen DINGEn Statistiken nicht.
Vorgesetzte erzwINGEn
Überstunden. Alles ist drINGEnd!
Sogar nachts erklINGEn
die Stimmen der Kollegen und alle rINGEn
in INGEs Träumen nach Luft. Hilferufe durchdrINGEn
das Stimmengewirr; ihre Rufe! Sie will sINGEn
gegen eine beklemmende Angst.
Und plötzlich verkLINGEn
ihre Schreie. Sie reitet auf den SchwINGEn
eines Adlers gen Himmel. Ihre Nachbarn sprINGEn
vors Haus, während Polizeibeamte bei INGE klINGEln,
dann dort eindrINGEn und das Bett umzINGEln.
INGEs Bettwäsche ist gerINGElt.
‚Tod durch RasierklINGEn'
wird protokolliert. Kollegen werden
INGEs Sarg umrINGEn.

D

Die LOTTE

Die verLOTTErte LOTTE versieht im
Fremdenverkehrsort KLOTTEn
tagsüber ihren Bürodienst. Mittags
verspeist sie SchaLOTTEn
in Rotwein und Pfannenkuchen
mit fruchtigen Kompotten.
Am Nachmittag wird sie von ihrem bigotten
Freund abgeholt, in dessen schLOTTErnden,
stinkenden Klamotten
sich etliche Kleidermotten befinden.
Die beiden trotten
zu seinem Appartement, wo sie sich abschotten,
ein LOTTErleben führen und bei
Computerspielen SchiffsfLOTTEn
versenken. Eines Tages trägt LOTTE einen fLOTTEn
Haarschnitt, hat einen neuen Freund, einen Schotten,
von dem sie plötzlich völlig neue Marotten
annimmt. Als beide LOTTEs alten Freund verspotten,
denkt dieser einfach total spontan ans Ausrotten.
Im Internet hat er an teuflischen KompLOTTEn
teilgenommen. Heute will er die Leichen einmotten.

D

Die Madeleine

Scherzhaft spricht Heiner, der
Freund von Madeleine,
ihren Namen oft wie beim Wort ‚Wäscheleine'
aus. In einem Urlaub in der Ukraine
haben sie Bekanntschaft geschlossen,
als sie Edelweine
testeten. Bald danach bezogen beide eine kleine
Hütte in der näheren Umgebung von Peine.
Sie bezahlen so gut wie keine
Miete und halten im angrenzenden
Stall Minischweine.
Weil sie total gegen die gemeine
Massentierhaltung sind, machen sie sich an eine
aufwendige Filmproduktion am
Rande ihrer Buchenhaine,
in der die Minischweine allerhand feine,
lustige kleine Kunststücke auf die Beine
stellen! Die Kurzfilme finden bei
Tierfreunden allgemeine
Beachtung. Da plagen Heiner plötzlich
mehrere Gallensteine.
Madeleine verbindet bald mehr als nur reine
Freundschaft mit dem Kameramann, der gern alleine
mit ihr dreht. Gerade besuchen
beide Tierschutzvereine
im Umland von Paris an der Seine.
Fürs Hotelzimmer zahlen sie gern einige Scheine!

D

DIENSTbotin Daniela

Übers DIENSTtelefon erklärt DIENSTbotin
Daniela am DIENSTagnachmittag,
dass sie NachtDIENST und GanztagsDIENST
laut DIENSTleistungsvertrag
kürzen mag. Der DIENSThabende
WachDIENSTmann Wimmer
begrapscht sie zwischen DIENSTboteneingang
und DIENSTzimmer
unter der DIENSTkleidung am DIENSTort
und nennt dies keck ‚DIENSTsport'!
Danielas DIENSTherr lässt aus dem DIENSTwagen
ausrichten, sie solle DIENSTliche
Äußerungen vertagen.
Danielas DIENSTreiseanträge liegen
neben DIENSTdolchen in alten
Vitrinenschränken. Nach DIENSTende
lauert Daniela im kalten
DIENSTgebäude ihrem DIENSTchef
auf; mit einem DIENSTdolch!
Der ärztliche NotDIENST schickt
den nächsten Lustmolch!

D

Dietmar und Annegret

Dietmar und Annegret, das steinalte,
verheiratete Rentnerehepaar,
besitzen ein Häuschen in der Stadt Lahr.
Dietmar hasst an Annegret das lange Haar
und dass sie von manchem prominenten Star
Fotos und sämtliche Berichte sammelt und sogar
Autogramme anfordert. Annegret
scheint täglich ein Paar
Schuhe zu bestellen, die sie stets unbar
vom gemeinsamen Konto bezahlt. Dietmar wird klar,
dass Annegret mit ihrem Schuhtick eine Gefahr
fürs Konto darstellt. Da wird Dietmar unmittelbar
tätig; er heuert einen Auftragskiller aus Madagaskar
an. Er trifft ihn, bezahlt in bar
und bis heute ist ihm völlig unklar,
wann der kaltblütige Killer Annegret hinterher war.
Annegret stellt nun keine Gefahr mehr dar
und Dietmar findet das Leben plötzlich wunderbar!
Ein Jahr vergeht, bis Dietmar ganz diskret
ein Paket überreicht bekommt. Darin sind Blutsekret
und Fotos von Annegret, die merkwürdig verdreht
irgendwo zu liegen scheint. Der Wind weht
schroff vorm Haus, als Dietmar
gut gelaunt hinausgeht.
Er geht auf Weltreise; erstmals ohne Annegret.

D

DIREKTorin Dorothee

Neben KurDIREKTorin Dorothee und
DIREKTorengatte Dirk wohnen
nur DIREKTionsassistentinnen, DIREKToren und
DIREKTorinnen verschiedener DIREKTionen.
Die DIREKTionslimousine des OberbauDIREKTors
vor Dorothees DIREKTorenvilla
hat DIREKTeinspritzung und getönte Scheiben in lila.
Während der DIREKTanlieferung
von Dorothees DIREKTsäften
sitzt Dirk im DIREKTorensessel bei
DIREKTbankgeschäften.
Mit dem StadtbrandDIREKTor bucht
Dorothee einen DIREKTflug
und trinkt Erdbeer-DIREKTsaft aus einem Saftkrug.
Der TheaterDIREKTor und der ForstDIREKTor
fahren gemeinsam im DIREKTionsfahrzeug vor
und alle besichtigen DIREKTsaatmaschinen
und DIREKTangetriebene Waschmaschinen!
Dirk blickt derweil DIREKT in
finstere DIREKTorenmienen.

D

Dirigent Gerhard

Und Dirigent Gerhard beginnt, all die Fratzen
in seinem Orchester ganz insgeheim zu hassen.
Aus der hintersten Reihe dringt leises Schmatzen
an sein sensibles Gehör und vorne passen
die zwei Beleibten, die ohnehin ständig patzen,
kaum in die Anzüge, wegen ihres krassen
Übergewichts. Von irgendwo ist
ein unsauberes Kratzen
eines Geigenbogens zu vernehmen. Ob die Massen
an Zuhörern dies bemerken? Unangebrachte
Lachgeräusche platzen
in die Stille. Menschen aller
gesellschaftlichen Klassen
sind im Publikum versammelt; einige mit Glatzen.
Dann verspürt Gerhard plötzlich einen kalten, nassen
Schweißausbruch am Körper. Vor
seinen Augen verblassen
alle; dann wird er vom Bewusstsein verlassen.
Zwei Geiger können ihm eine
Herzmassage verpassen.

D

DORFhelferin Doris

DORFhelferin Doris arbeitet im
DORFladen. Ihre Minischweine
hütet die DORFmagd hinterm Haus der DORFvereine,
in dem DORFbauern sonntags vom
DORFfriseur kostenfrei
die Haare geschnitten bekommen.
DORFpolizistinnen der DORFpolizei
verschenken Semmeln vom DORFbäcker,
der beim DORFerneuerungsverein
neben DORFschule und DORFkindergarten
bäckt. Ein Minischwein
vergöttert den DORFmetzger, der
in der DORFtheatergruppe
im DORFgasthof als DORFtrottel
mit einer Spielzeugpuppe
zwischen Minischweinen auftritt! Beim
DORFflohmarkt im DORFhotel,
nach dem DORFlauf, verliebt er sich schnell
in Doris. Seine DORFmetzgerei am
DORFplatz funktioniert
er in ein DORFcafe um, welches floriert!
Die beiden stiften bei der DORFolympiade
allen DORFbewohnern des TouristenDORFs
vegane Schokolade.

D

DRUCKmaschinenhersteller Daniel

DRUCKmaschinenhersteller Daniel
sammelt leere DRUCKerpatronen.
Er bewahrt DRUCKbleistifte,
DRUCKerkabel, Weinbrandbohnen,
DRUCKfedern und DRUCKerzeugnisse
darin auf. Ausgemusterte DRUCKköpfe
begeistern ihn ebenso wie
BlutDRUCKmessgeräte und DRUCKknöpfe.
Daniel löscht DRUCKjobs und bei
einer DRUCKerwarteschlange
im LaserDRUCKer klopft er mit
der DRUCKknopfzange
an die DRUCKerkartusche und auf
unbeDRUCKtes DRUCKerpapier.
Mit einwandfreien DRUCKfrischen
AusDRUCKen beeinDRUCKt er vier
Mitarbeiter, die auf DRUCKaufträge
warten! Über DRUCKformate,
DRUCKgeräterichtlinien, DRUCKwasserreaktoren
und DRUCKkochtöpfe hält Daniel Referate.
Dabei ignoriert er das DRUCKgefühl im Oberbauch;
die DRUCKempfindliche DRUCKstelle
unter seiner Beinprothese auch.
Beim DRUCKen unter ZeitDRUCK
bemerkt Daniel DRUCKnekrosen
und beschmutzt danach bei
ReifenDRUCKkontrollen zwei Hosen.

E

ERNTEhelfer Egon

‚Wer Wind sät, wird Sturm ERNTEn',
denkt Egon, wenn er weit entfERNTEn
Familienmitgliedern ERNTEkörbe aus
Weideholz nach WeinERNTEn schickt
und kahlgeschlagene Waldflächen
nach der HolzERNTE erblickt.
‚Jeder ERNTEt, was er sät.'
Egon sieht das schwere ERNTEgerät
und ERNTEreifes Holz im Wald. Bei KartoffelERNTEn
und ApfelERNTEn hilft Egon und in EntkERNTEn
Rohbauten nächtigt er manchmal.
ERNTEmaschinen und ERNTEscheren
kann der gelERNTE Landmaschinenmechaniker
bedienen. Nach schweren
ERNTEeinsätzen isst ERNTEhelfer Egon
gern entkERNTE Aprikosen.
Bei der ERNTEeinfuhr von
ERNTEerträgen vorm großen
ERNTEdankfest repariert Egon
auch ERNTEwagen. Er pfeift
ERNTElieder, wo er sich im Ton vergreift;
nach ERNTEschäden, ÜberschussERNTEn,
MissERNTEn und ERNTEeinbußen allgemein.
Egon will bei vielen ERNTEumzügen dabei sein!

E

ERZieherin Theresa

Theresa ist hartHERZig, oft ERZürnt
und ERZkonservativ.
Bei akuten SpannungskopfschmERZen
hängt ihr Mundwinkel schief
herab. Im ERZiehungsheim in der alten ERZgießerei
ERZählt Theresa von ERZbistümern
und der ERZabtei.
SchmERZfrei ist Theresa nie und
bei NervenschmERZen,
ZahnschmERZen, GliederschmERZen und
HüftschmERZen zündet sie GrabkERZen
an, während sie monoton ERZählungen vorliest
und ein SchmERZmittel durch ihre Blutbahn fließt.
Sie vERZieht ihre Miene nur vorm ERZpriester
und vor HERZspezialisten und nennt Kinder 'Biester'.
Wegen schlimmer HERZschwäche
benötigt Theresa ein SpenderhERZ!
Sie stirbt mit Haarreifen, vERZiert mit NERZ,
SchmERZkatheter und nach furchtbaren
SchluckschmERZen und HERZschmerzen.
Einer der ERZieher wagt es, zu schERZen.

E

EXTREMsportler Leopold

EXTREMsportler Leopold interviewt
einen EXTREMtaucher,
der ein EXTREM starker Raucher
war, über politischen EXTREMismus
und EXTREMes Schwitzen
bei EXTREMhitze in der Sauna beim Sitzen.
Ein EXTREMbotaniker spricht über
EXTREMwetterlagen und EXTREMsportarten,
geplagt von EXTREMen Migräneattacken
in Leopolds Garten,
wobei EXTREMbergsteiger Leopold ihn filmt
und EXTREMe Müdigkeit verspürt. Unter
EXTREMbedingungen lässt er unbequeme
Experimente an seinen unteren EXTREMitäten
in sechs Klassenzimmern von Universitäten
mit EXTREMkälte über sich ergehen.
EXTREMabenteurer, EXTREMkletterer
und EXTREMistenführer sehen
Leopold gern im Fernsehen mit
EXTREMbüglern singen!
RechtsEXTREMe EXTREMjobber mit
70-Stunden-Woche bringen
Leopold EXTREMst durcheinander. In
EXTREMfällen verdient Leopold
sogar EXTREMsummen. EXTREMes
Glück ist ihm hold!

F

FLEISCHereifachverkäuferin Josefine

Josefine starrt auf FLEISCHzangen und
einen FLEISCHrest, als sie hinter der
FLEISCHtheke FLEISCHverpackung fest
auf ihre FLEISCHwunde presst. Josefine
verkauft FLEISCHdosen, PferdeFLEISCH und
FLEISCHrouladen und säubert ihre großen
ZahnFLEISCHtaschen nebenbei mit einer
FLEISCHnadel und FLEISCHspießen
neben FLEISCHwölfen und
FLEISCHmessern, wobei sie nießen
muss. Eine FLEISCHfressende Pflanze steht
beim FLEISCHautomaten.
FLEISCHereifachverkäuferin Josefine dreht
FLEISCHbällchen und FLEISCHpflanzerl
und belegt FLEISCHtorten.
EingeFLEISCHte FLEISCHgegner
demonstrieren vor den Pforten
der FLEISCHfabrik gegenüber. Josefine
verschließt FLEISCHgewürze
und FLEISCHzartmacher und löst ihre
FLEISCHerschürze, wobei sie an ihre
FLEISCHvergiftung und FLEISCHallergien
denkt; und wie die armen FLEISCHrinder geschrien
haben vorm FLEISCHwerk! Josefine
will FLEISCHlos leben.
FLEISCHersatz, FLEISCHtomaten und
FruchtFLEISCH soll's künftig geben.

F

FORMel-1-Rennfahrer Fips

Fips lässt NasenFORM, HosenFORMen,
AugenFORM und BauchFORM
FORMschön gestalten, bevor ihm vom
FORMfleischvorderschinken enorm
schlecht wird. FORMschwach, und
weil die FORMstabilen
Kontaktlinsen verrutschen, rast er in die vielen
InFORMatikstudenten, die vor uniFORMierten
Polizisten und FORMgießerinnen
stehen. Außer FORM kann Fips niemals gewinnen!
Vor seiner verFORMten Motorhaube
wird Fips inFORMiert,
dass ein UniFORMträger verstarb. Mit
GroßFORMatkameras fotografiert
eine FORMidable ReFORMhausfachkraft
FORMel-1-Rennfahrer Fips
für WerbeplattFORMen, als er mit leichtem Schwips
ZauberFORMeln murmelt und
unverständliche Laute und Worte
FORMt. Trotz FORMmangel verspeist
er eine FORMtorte!

F

FORSCHer Frederik

Wenn InsektenFORSCHerin Insa mit FORSCHem Stil
über FernsehzuschauerFORSCHung redet,
vergisst Frederik FORSCHungsziel,
FORSCHungszweck und FORSCHungslage
von seinem FORSCHungsprojekt.
Während der FORSCHungstage im
FORSCHungsinstitut versteckt
FORSCHer Frederik sich im FORSCHungsbetrieb
und betätigt sich als Dieb
im FORSCHungslabor in Inas FORSCHungszimmer.
Mit FORSCHungsdrang erFORSCHt er immer
Insas FORSCHungsliteratur, FORSCHungsnotizen,
ihr Privateigentum und FORSCHungsgegenstände.
NassFORSCH bemalt VerhaltensFORSCHer
Frederik FORSCHungsergebnisse und Wände
in froschgrün! Da schickt Insa
einen FORSCHungsbericht
über VerhaltensFORSCHer Frederik
an Polizisten und spricht
mit dem FORSCHungsleiter der
FORSCHungsgesellschaft.
Frederik sitzt nun in Untersuchungshaft.

F

FORSTtechnikerin Franziska

Franziska liebt einen FORSToberinspektor
und das Bedienen
im FORSTgasthof bei FORSTfesten.
Franziska liebt FORSTmaschinen.
Ein FORSToberrat schenkt Franziska vier
FORSTseilwinden zum Gebrauch im FORSTrevier,
FORSTstiefel, FORSTketten und eine
FORSTfläche mit FORSTpflanzen.
Der FORSTdirektor lädt Franziska ein zum Tanzen.
Ein dürrer FORSTarbeiter in FORSTbekleidung
studiert FORSTingenieurwesen
und verbringt im FORSThaus in den Vogesen
einige Tage mit Franziska.
Mit FORSTbesitzern, FORSTrevierleitern,
dem Vorstand vom FORSTverein und anderen Reitern
reitet Franziska durch die FORSTbaumschulen
der FORSTverwaltungen
und beteiligt sich nach FORSTchefkonferenzen
an Unterhaltungen.
Franziskas FORSToberinspektor erstellt
FORSTliche Gutachten und tobt,
als der dicke FORSTwirt Franziska
überschwänglich lobt!
Auf einer abschüssigen FORSTstraße
im StaatsFORST versagen
die Bremsen von FORSTtechnikerin
Franziskas FORSTgrünem Kleinwagen.

FLUGbegleiter Florian

FLUGbegleiter Florians FLUGfertige
FLUGmodelle pflügt
ein Bauer mit PFLUG vergnügt
mit Teilen eines PropellerFLUGzeugs
und FLUGasche unter.
Die FLUGschau der FLUGschule
unterbricht sein bunter
SchneepFLUG; hinter dem FLUGturm
nahe am FLUGfeld
rangiert der Bauer herum, bis er Geld
und einen FreiFLUG vom FLUGlehrer fürs Aufhören
bekommt. FLUGschüler und FLUGlotsen
am FLUGgelände empören
sich über den Bauern, während sie FLUGentenkeulen,
FLUGmangos und anderes FLUGobst vor den Säulen
des FLUGhangars essen. Der Bauer
beschließt indessen,
wegen FLUGangst das FreiFLUG-
FLUGticket zu vergessen!

F

FREIfrau Freya

FREIfrau Freya ist stark parfümiert,
FREIheitsliebend, FREIzügig und
sehr FREIzeitorientiert.
An ihren zuckerFREIen und alkoholFREIen FREItagen
richtet sie inhaltsFREIe, völlig sinnFREIe Fragen
an FREIbadgäste und Feuerwehrmänner
der FREIwilligen Feuerwehr.
Beim FREIfechten im FREIen lernt sie sehr
nette FREImaurer, FREIberufler und FREIgänger
kennen, die ihre unFREIwilligen Durchhänger
im FREIzeitpark in halbFREIen und
FREIen Gefechtssituationen
kommentieren. Drei FREIherren und
zwei FREIdenker wohnen
derzeit bei Freya und lassen sich FREIhalten.
Wobei alle das Leben mit FREIkörperkultur gestalten!
FREItags denkt Freya oft an den FREItod.
FREIkarten fürs FREIbad bringen alles ins Lot!

F

FREMDenführer Rolf

Rolf verteilt ortsFREMDe, wildFREMDe Personen
auf FREMDenzimmer in verschiedenen
FREMDenpensionen.
Ob FREMDe so oft FREMDgehen
wie er? Drei FREMDarbeiter stehen
vorm FREMDenverkehrsamt und
schimpfen über das FREMDpersonal,
benutzen FREMDwörter und
verschwinden dann im Lokal
neben dem FREMDenverkehrsverein,
das ‚Zum FREMDanbieter'
heißt und das der weltFREMDe Dieter
betreibt. Rolf liebt FREMDfinanzierungen,
FREMDenverkehrsgebiete,
FREMDkapital, berufsFREMDe
Tätigkeiten und FREMDkredite.
Er demonstriert gegen FREMDenfeindlichkeit
und FREMDenhass.
FREMDbestimmtes Leben findet er unendlich krass.

F

FRIEDErike und FRIEDEr

Die friedliebende FRIEDErike und ihr FRIEDEr
schauen sich glamouröse FRIEDEnspreisverleihungen
immer wieder gern im Fernsehen an.
FRIEDErike malt FRIEDEnsengel, FRIEDEnstauben
und FRIEDENslichter und strahlt
dabei hochzuFRIEDEn. FRIEDEr
fotografiert Mauern und Hecken,
die Friedhöfe umFRIEDEn. FRIEDEr
und FRIEDErike necken
sich oft liebevoll und das Wort ‚UnFRIEDEn'
kommt niemals über ihre Lippen! Ganz entschieden
grüßen beide stets mit ihrer Grußformel ‚Friedlichen
Tag'. Neuerdings führen sie den überaus niedlichen
Zwergpinscher namens Siegfried
ihrer Tante Frieda spazieren.
Auf FRIEDEnsmärschen, FRIEDEnsgottesdiensten,
FRIEDEnszeremonien und FRIEDEnsfesten probieren
FRIEDEr und FRIEDErike, tiefen FRIEDEn zu verbreiten.
Die beiden wünschen sich
sehnlichst friedliche Zeiten!
‚FRIEDE sei mit dir', murmeln beide oft.
Doch Krieg sowie FRIEDEn kommen
meistens unverhofft.
Dann hat FRIEDEr urplötzlich einen
HausFRIEDEnsbruch begangen.
Rückwirkend hat ab da seine
UnzuFRIEDEnheit angefangen.

F

FruchtSAFTtechnikerin Sandra

Reste von SAFTorangen aus SAFTpressen
und SAFTkornbrot bilden Sandras Mitagessen.
Ob BratenSAFT, SAFTflecken,
GärSAFT aus Biogasanlagen
oder SAFTige Preise; Sandra liebt Fragen
zum Thema SAFT! Am SAFTstand hinter SAFTgläsern
verkostet sie EdelSAFT und SAFT aus Gräsern,
wie WeizengrasSAFT. SAFTtrinker müssen
bei SAFTmischungen erraten,
in welchen der SAFTflaschen BilligSAFT
aus SAFTkonzentraten
zugesetzt wird! FruchtSAFTtechnikerin Sandra berät
einen SAFTladeninhaber über eine SAFTdiät,
bevor sie SAFT- und kraftlos beim SAFTfasten
vorm SAFTautomat einer SAFTmanufaktur
unterm hohen Telegrafenmasten
zusammenbricht. Neuerdings mag Sandra
SAFTwürstchen, SAFTbräter, SAFTschinken
und einen ObstSAFTfabrikanten. Sie
verweigert das SAFTtrinken!

FRÜHpensionär Fred

FRÜHpensionär Fred serviert in einer
FRÜHstückspension FRÜHmorgens gegen
FRÜHstückseier und etwas Lohn das FRÜHaufsteher-
FRÜHstück, bevor er mit Vergnügen
im FRÜHling seine FRÜHschicht in zwei FRÜHzügen
beginnt. Fred bringt FRÜHpendlern selbstgebastelte
FRÜHlingsblumen, FRÜHstücksgerichte
und FRÜHobst. Dazu rezitiert er
lustige FRÜHlingsgedichte.
Fred putzt im Schwimmbad um
FRÜHsportler, FRÜHschwimmer
und Bademeister herum; seit seiner
FRÜHverrentung immer
nur bei FRÜHlingshaften Temperaturen
und zur FRÜHlingszeit.
Im FRÜHjahr vertreibt Fred seine
verFRÜHte FRÜHjahrsmüdigkeit,
indem er bei FRÜHjahrskonzerten
und großen FRÜHlingsfesten
sich heimlich seine FRÜHstücksbrötchen aus
den Essensresten holt. FRÜHabends singt Fred
FRÜHlingslieder vor FRÜHchenstationen
mit FRÜHdienstmitarbeitern,
witzigen Krankenhausclowns,
FRÜHstücksservicemitarbeitern, einigen Personen
vom FRÜHstücksfernsehen und zwei
FRÜHpädagogen. Um FRÜHjahrswaldpflanzen
und FRÜHgeborene darf Fred fürs
FRÜHstücksfernsehen tanzen!

F

FUSSballtrainer Franz

Die FUSSballmannschaft vom FUSSballtrainer Franz
vollführt auf FUSSspitzen einen Tanz.
BarFUSS traben die FUSSballspieler
über FUSSböden, FUSSmatten,
bekieste FUSSpfade, geteerte
FUSSgängerüberwege und auf Holzlatten.
Auf FUSSmärschen springen sie
über FUSShocker, FUSSsäcke
und FUSSabstreifer und müssen eine lange Strecke
auf den FUSSinnenseiten in BarFUSSschuhen
blitzschnell absolvieren.
Franz verordnet FUSSreflexzonenmassagen,
FUSSbäder und das Trainieren
in VorFUSSentlastungsschuhen auf
dem FUSSballfeld! Er nennt
alle FUSSballexperten ‚FUSSlahmes FUSSvolk'.
Sämtliche FUSSchirurgen kennt
Franz persönlich. Während er Vorträge
über FUSSwurzelknochen,
FUSSfehlstellungen und FUSSverletzungen
hält, trinkt er ununterbrochen
BeiFUSStee. Beim Sitzen zeigt Franz
FUSSkettchen, FUSSsohlen
und Filme über das AufFUSSen von Fohlen.
Franz hat FUSSwarzen, FUSSgeruch,
FUSSheberschwäche, FUSSschweiß, FUSSpilz,
vier fehlende FUSSzehen und eine vergrößerte Milz.

F

FUTTERmittelherstellerin Franka

FUTTERmittelherstellerin Franka FUTTERt
FUTTERmais mit FUTTERmittelverkäuferin Bea,
die ihr ein längliches PenisFUTTERal aus Neuguinea
zeigt, das aus der Fruchthülse einer Kürbispflanze
besteht. Um einen FUTTERsack
leistet LebendFUTTER ganze
Arbeit; ausgebüchste Würmer und Grillen
inspizieren FUTTERautomaten in der stillen
Ecke im FUTTERmittelladen. Mehrere
FUTTERinsekten finden FUTTERreste,
FUTTERhändler und das InnenFUTTER
von Frankas Weste
interessant. Während Franka über
FUTTERklee und FUTTERdosen
plaudert, bestellt Bea RaubtierFUTTER
und einen großen
Ballen FUTTERheu und vertieft
sich ins FUTTERlexikon.
Franka bestellt FUTTERmilch und
GourmetFUTTER mit Mohn.

F

FÜR DIE UMWELT

Oft parkt ein Geländewagen in der Stadt,
dessen Besitzer zwei gesunde Beine hat.
Nimm statt dem Laubsauger Kehrgerät zur Hand!
Körperliche Arbeit schärft nebenbei
auch den Verstand.
Besichtige Massenzuchtbetriebe
und Tiere auf Weiden!
Welches Fleisch du isst, kannst du entscheiden.
Besuche Wald und Natur, um zu entspannen
und versuche dabei, elektronische
Geräte zu verbannen.
Jeder sollte möglichst oft danach streben,
mit der Natur im Einklang zu leben!

G

GLÜCKsforscher Andreas

GLÜCKsforscher Andreas befragt
VerunGLÜCKte, GLÜCKssucher,
GLÜCKliche Ehepaare, GLÜCKsspieler,
GLÜCKstrunkene Frühbucher
und Autoren von GLÜCKsratgebern
nach ihrem GLÜCKszustand
und zum Thema LebensGLÜCK. Einen
todunGLÜCKlichen Bankvorstand
hat seine GLÜCKssträhne auf dem
Aktienmarkt verlassen.
Der beginnt, GLÜCKssocken und
GLÜCKspillen zu hassen
und schreibt ein Buch über ‚GLÜCKhafte Fischzüge –
von GLÜCKskindern, GLÜCKsbringern
und der großen Lebenslüge!'
Andreas verteilt GLÜCKscents, GLÜCKskekse,
GLÜCKsbärchen und GLÜCKsklee
und erfährt, dass GLÜCKspilze an die GLÜCKsfee
glauben; UnGLÜCKsraben aber auch!
Andreas befühlt GLÜCKshufeisen
und seine GLÜCKshormone bescheren ihm die leisen
GLÜCKsgefühle beim Kauf von
GLÜCKslosen. Andreas mag
GLÜCKsorakel und GLÜCKszahlen.
Heute ist sein GLÜCKstag!

G

GOLDschmied Gregor

GOLDschmied Gregor besitzt GOLDige
GOLDhamster, einen GOLDfisch,
ein zahmes GOLDammer-Männchen,
das GOLDhirse vom Tisch
stibitzt, und zwei GOLDen Retriever, die jaulen,
wenn sie Kunden mit mattGOLDenen
Schuhen kraulen.
Während Gregor GOLDzähne, GOLDmünzen
und GOLDketten schätzt
und die Hündin namens ‚GOLDmarie'
GOLDquasten zerfetzt,
zeigt er Filme von GOLDmedaillengewinnern,
übers GOLDwaschen
und von GOLDenen Zeiten. Gregor befüllt Flaschen
mit GOLDwasser und bäckt
GOLDtröpfchentorten; beides hausgemacht!
Neben GOLDschmuck, GOLDrahmenspiegeln
und Gregors ManGOLDgemüse bewacht
‚GOLDmarie' GOLDankauf, GOLDverkauf
und die verGOLDete GOLDwaage.
Gregor veranstaltet neuerdings GOLDschmiedekurse
und ‚GOLDrausch-Erlebnistage'!
Seine GOLDkunden besitzen GOLD-
Kreditkarten mit GOLDrändern.
Gregor empfängt sie gern in
GOLDbraunen Gewändern.

G

GOLFlehrerin Giselinde

Giselinde lebt für GOLFkurse,
GOLFturniere und GOLFseminare.
GOLFschülern empfiehlt sie Shampoo für die Haare,
GOLFschuhe, GOLFbälle und GOLFschläger;
speziell fürs GOLFspiel.
Beim GOLFunterricht erzählt sie
jungen GOLFspielern viel
über GOLFpartnerbörsen, GOLFmode,
GOLFregeln, GOLFsocken,
MiniGOLF, GOLFfilme und gehaltvolle
Frühstücksflocken!
Im GOLFclub referiert Giselinde über den GOLFerarm,
GOLFkriege, den GOLFschwung
und ‚des GOLFers Darm';
sowie über GOLFerellenbogen, den GOLFstrom
und das GOLFangebot in Rom.
Ihre GOLFschule und den GOLFladen
öffnet sie nur an geraden
Tagen. Zwischen dem GOLFhotel
und den GOLFanlagen
versteigert sie, nur bei Sonnenschein,
gebrauchte GOLFwagen!

G

GOTTfrieds Katze

GOTTfried liebt GOTTeshäuser, Insekten
und selbstgemachte Götterspeise
und als er auf einer Reise
in einer GOTTverlassenen Gegend
eine GOTTesanbeterin entdeckt,
bemerkt er zugleich ein Kätzchen, das verschreckt
blickt und GOTTerbärmlich miaut.
Die Götterdämmerung bricht
an. Im rasch erlöschenden Licht verspricht
GOTTfried dem Tier, das sich mit GOTTvertrauen
an ihn schmiegt und ihn aus saphirblauen
Augen anblickt, fortan ein göttliches Leben.
Die KatzenGOTTheit heißt ‚Bastet' und eben
diesen Namen vergibt er an sein Findelkind.
Bastet liebt GOTTfried abgöttisch und beide sind
witzigerweise ganz wild auf GOTTfrieds
kalorienreiche Götterspeise.
GOTTfried storniert die bereits
gebuchte Urlaubsreise;
eine historische Postkutschenfahrt,
hinauf zum GOTThardpass.
Die beiden haben Zuhause so viel Spaß!

G

GROSSbauer Gabor

GROSSbauer Gabor teilt GROSSgarnelen mit
seinem GROSSspitz und dem GROSSpudel auf dem
GROSSflächigen Rücksitz seines GROSSraumtaxis.
Unter Gabors unreiner, GROSSporiger Haut
liegt seine GROSShirnrinde, die sich
krankheitsbedingt abbaut.
StecknadelkopfGROSSe Löcher prangen
in Gabors GROSSen Eckzähnen.
Seine überGROSSe Zahnlücke
entblößt er beim Gähnen.
Hinter GROSSformatigen GROSSdruckbüchern
sitzt sein riesenGROSSes Chinchillakaninchen
und nagt am GROSStastenhandy. Es heißt ‚Bienchen'.
Während Gabors GROSSnichten und
die GROSSjährigen GROSSneffen
Entscheidungen über seine GROSSvieheinheiten
und GROSSstallanlagen treffen,
fährt ihn seine GROSScousine den
GROSSglockner hinauf.
Anschließend geht's in die GROSSmarkthalle
zum GROSSeinkauf.
GROSSneffen kaufen GROSStraktoren und
schenken Gabor GROSSzügigerweise
ein GROSSpferd und eine GROSSe, weite Reise.
Bei der GROSSwildjagd zerstört eine
GROSSgefleckte GROSSkatze nicht nur Gabors
GROSSzehengrundgelenk mit der Tatze!

G

Großbauer Hannes

Gestern hat der Hofhund den Hannes gebissen
und sich dann unterwürfig vor ihn hingeschmissen.
Der alte Hannes hat ein schlechtes Gewissen,
denn seine Söhne ignorieren das Tier beflissen,
das außer Hundezwinger und ein paar Bissen
billigen Hundefutters nichts kennt.
Hannes Söhne wissen,
dass sie Hof und Grundbesitz bald erben
werden. Hannes überlegt, woher sie den derben,
neuen Umgangston haben. Er vermisst den herben
Geruch der Landluft vorm Fenster. Seine Erben
lassen dort Rindermastanlagen bauen.
Plastikteile und Scherben
pflügen sie neuerdings lieblos unter und verderben
wertvolle Humusschichten mit
Landmaschinen, die tiefe Kerben
hinterlassen. Hannes beschließt,
seine Söhne zu enterben
und erst eine Weile später zu sterben.
Er beobachtet, wie sich die
Kastanienblätter verfärben.

G

Großbauer JürGEN

Großbauer JürGENs Kühe und der Stier HaGEN
scheinen die zugekauften transGENen MaissilaGEN
und das RogGENstroh gut zu vertraGEN.
JürGEN war bis vor ein paar TaGEN
in GENua. Dort ist ihm der KraGEN
geplatzt. Bei senGENder Hitze gab es AlgenplaGEN;
so herrschte Badeverbot direkt
vor den HotelanlaGEN.
Danach musste JürGEN auch noch
DauerreGEN ertraGEN.
Nun will er das nahelieGENde Reisebüro verklaGEN.
Seit einiGEN Monaten plaGEN JürGEN
unanGENehme MaGEN-
und Darmprobleme – er lenkt seinen
beiGEN GeländewaGEN
nach lanGEN ÜberlegunGEN zum
Hausarzt. Arzthelferinnen saGEN
ihm, dass seine teigiGEN WanGEN Farbe vertraGEN
könnten und der Arzt stellt unanGENehme FraGEN.
Nach einer vaGEN Diagnose befällt
JürGEN UnbehaGEN;
spontan kauft er Toilettenpapier mit fünf LaGEN.
Später sieht er kurz WeizenschädlinGEN beim NaGEN
in seinen Feldern zu. Seine Bäume raGEN
GEN Himmel und er pfeift auf NaturschutzauflaGEN
und zieht los, um Fichten zu schlaGEN.

G

GRUND UND GRÜNDE

Großgrundbesitzer finden Gründe,
um Bäume zu fällen;
und sei's, um das eigene Traumhaus hinzustellen.
Grundrentenempfänger nutzen
Grundwasser zum Trinken und Gießen.
Grundanständige Vereinsgründungsmitglieder
von Kleingartenverbänden hassen, wenn Wiesen
als Baugrund ausgewiesen werden. Ziemlich vage
Begründungen liefern Städte, wenn
Untergrundbahnhöfe mehrere Tage
nicht zugänglich sind. Biobauern nutzen ihren Grund
grundsätzlich gern zum Getreideanbau
für Grundnahrungsmittel. Gesund
leben wollen auch viele Gründer
von Naturkostladenketten.
Grundlos erhalten Kranke in
Krankenhausbetten selten Tabletten.
Gründlich prüfen Polizisten abends
auf dem Gründerfest
viele Anwesende auf die Fahrtüchtigkeit
– beim Alkoholtest.

G

GRUNDschullehrer Josef

Weil GRUNDschullehrer Josef die
GRUNDrente nicht reicht,
vermittelt er GRUNDwissen und
GRUNDiert und streicht
UnterGRUNDbahnhöfe und Räume im
GRUNDbuchamt. Einige GRUNDnahrungsmittel,
ein GRUNDstück mit verseuchtem
GRUNDwasser und Malerkittel
schenkt ihm ein GRUNDgütiger
GroßGRUNDbesitzer, dessen Söhne
Josef unterrichtet. Fürs GRUNDlagentraining
legt Josef schöne
Laufstrecken auf sandigem UnterGRUND
an. Seine GRUNDlagenausdauer
ist top, als ihn eine alte GRUNDmauer
zu Fall bringt! Zwei historische Vereine
bieten GRUNDschullehrer Josef viele große Scheine
als GRUNDpreis für seinen verunreinigten
GRUND! AufGRUND
seines Reichtums will Josef auf dem MeeresGRUND
tauchen. Ab jetzt läuft alles GRUNDsätzlich rund.
Er lebt aus GRUNDverschiedenen
Gründen sehr gesund.

G

GUTachterin Jacqueline

Der GUTgläubige, GUT gebaute
Besitzer vom GUTshof
erklärt GUTachterin Jacqueline im
GUTsrestaurant, wie doof
ihm das Leben mit GUTartigen Tumoren erscheint.
Nach einigen Gläsern GUTsriesling
vom WeinGUT weint
der schwerreiche Besitzer ins GUTbürgerliche Essen,
zertrümmert SteinGUT und zerkaut wie besessen
PfefferminzGUTtis. Jacqueline
erhält von ihm GUTscheine
für Übernachtungen im GUTshotel und GUTsweine.
Urplötzlich nimmt der GUTsbesitzer LeerGUT
in die Hand und Blut
tropft auf den KehrGUTbehälter, als er aufsteht
und übers GUTshofgelände zur
vielbefahrenen Bundesstraße geht
und absichtlich vor einen
GefahrGUTtransporter springt.
Wobei er in GUTturalen Lauten singt!

H

HEIMleiter Heino

In HEIMleiter Heinos AltenwohnHEIM richten
HEIMbewohner HEIMfahrräder
und nebenbei erdichten
sie unHEIMliche Geschichten über
EinHEIMische fürs HEIMatjournal
und für die HEIMzeitung. Über den HEIMatkanal
erfahren sie Wissenswertes über FlüchtlingsHEIMe,
HEIMchenzüchter, SchullandHEIMe,
GeHEIMdienste, HEIMische Pilze,
HEIMatlose HEIMtiere und geHEIMe
magische Praktiken. Heino stellt
HEIMorgeln und HEIMkinoanlagen
auf. Unter der Beaufsichtigung
vom HEIMpersonal wagen
sich HEIMbewohner an HEIMtrainingsgeräte
und in HEIMsaunen.
Wobei sie Letzteres in der
HEIMplatzbörse ausposaunen!
Für Heinos Geburtstagsfeier üben
alle HEIMlich HEIMatlieder.
Und der Getränke-HEIMdienst schickt
nichtHEIMischen Sommerflieder.

H

HEISSluftballonfahrer Heiner

HEISSluftballonfahrer Heiner organisiert
HEISSluftballonfahrten, HEISSt
mit zweitem Vornamen Heiland, bereist
die HEISSesten Urlaubsländer und beißt
sich die HEISSen Mandeln zumeist
in die Zahnlöcher, wobei sein
Gesichtsausdruck entgleist.
HEISSgeliebte verdorbene Süßspeisen
und HEISSe Asche schmeißt
HEISSsporn Heiner in die Mülltonne.
HEISSe Rauchschwaden
wabern zwischen defekten HEISSklebepistolen,
HEISSluftföhnen, HEISSgerätesteckern, Maden,
HEISSluftfritteusen und Verpackungsmüll
von HEISSgetränken.
Nach ihrem HEISSen Einsatz lenken
die Feuerwehrmänner den Löschzug
zu Heiners HEISSluftballonen.
Sie wollen dem Erhitzen von HEISSluft beiwohnen.

H

Helenes Trupp

Die kleine Marlene heult wie eine Sirene,
wenn ihre stets schwarz gekleidete Mutter Helene
mitsamt Marlenes schlafendem Bruder
Hagen im Zwillingskinderwagen
und ihrem Mischlingshund durch die Straßen jagen.
Außerdem fährt sie vormittags
S-Bahn samt Brüllkind,
Hund und dem ruhigen Hagen. Hier sind
die Menschen, die ihr unfreiwilliges
Publikum abgeben!
Die erstaunten Fahrgäste im überfüllten
Zugwaggon erleben,
wie sich Mischlingshund Jupp auf die Vorderbeine
stellt und auf Helenes Kommandos eine kleine
Runde auf zwei Beinen durchs Abteil dreht.
Danach kläfft Jupp, schielt jämmerlich und geht
auf den Hinterfüßen weiter. Von Helene kriegt
Jupp einen Hut ins Maul; darin liegt
etwas Münzgeld. Als Helene sich zum Gehen
erhebt, lassen einige Leute ihre Geldbeutel sehen.
Viele neue Münzen klimpern in Jupps Hut!
Während die Weiterreisenden die plötzliche Stille gut
finden, steigt Helene mit ihrem kleinen Trupp
um. Wieder verlässt sie sich auf Jupp.

H

HELMhersteller HELMut

Fotos zeigen HELMut scHELMisch
grinsend neben BlauHELMsoldaten
und wie er beHELMt samt HELMohren Ziertomaten
erntet, die er in HELMschalen neben HELMkräutern
aufzieht. HELMfabrik-Mitarbeiter, HELMtester
und HELMdesigner meutern,
weil HELMut schlecht bezahlt. Nebenbei
besitzt ScHELM HELMut einen HELMverleih,
verleiht Raumanzug-HELMe, MotorradHELMe
und HELMmützen, schneidet HELMfrisuren
speziell für HELMträger und führt
kostenpflichtige Fahrradtouren,
wobei er für RadHELMe und ZauberHELMe wirbt.
Mit HELMfunk, HELMlautsprecher und
HELMlampe ausgestattet, stirbt
HELMut zwischen einigen HELMtrümmern
bei einer HELMkamerafahrt.
Der Aufprall war trotz SchutzHELM zu hart.

H

HERBerts Depression

HERBert erlebte HERBe Enttäuschungen
mit den Frauen.
Im HERBst sitzt er bei besonders lauen
Temperaturen neben seinen
HERBstzeitlosen, trinkt HERBe
Biere und kaut HERBe Schokolade. Eine GlasscHERBe
funkelt neben dem Blätterhaufen,
der aus HERBstlaub
besteht. Der HERBstwind heult, doch wie taub
sitzt HERBert vor einem fiktiven ScHERBenmeer.
Seit den HERBstferien fällt es ihm schwer,
seinen Job in der JugendHERBerge zu verrichten.
Doch da er auf HERBe Niederlagen verzichten
will, versieht er seinen Dienst im
BeHERBergungsbetrieb.
Momentan hat er nur seinen HERBstkrokus lieb.

H

HERRenmodenverkäufer HERRmann

HERRenmodenverkäufer HERRmann
beHERRscht das Fluchen
meisterlich! BauHERRen und GutsHERRen buchen
ihn gelegentlich als HERRschaftskoch
für ihre HERRschaftssitze.
In aller HERRgottsfrühe kocht er stets spitze,
während er ‚HERRschaftszeiten,
Himmel, HERRgott, Sakrament'
brüllt, mit HERRenhut in HERRensocken herumrennt
und dabei Appetithäppchen für die
HERRschaften HERRichtet.
Auf HERRenschuhe, HERRenuhren,
HERRenhandtaschen und
HERRengeldbörsen verzichtet
HERRmann aus Prinzip. Hauptsache,
die DienstHERRen geben
ihm alles für sein HERRlich unkompliziertes Leben!
Ein HERRischer HERRenausstatter entlohnt
HERRmann mit Tauschwaren.
HERRenmodenverkäufer HERRmann sammelt
HERRenlose Damenfahrräder seit Jahren!

H

Herr Schroth

Der obdachlose, eigenbrötlerische Herr Schroth
wohnt im Obdachlosenheim hinterm Fabrikschlot.
Herr Schroth ist menschlich verroht
und hat Angst vorm Kältetod.
Ein verletzter Hund, der zudem sehr verfloht
ist, läuft ihm zu. Der arbeitslose Pilot
kauft das zur Wunddesinfektion
dringend benötigte Jod.
Er befindet sich stets in großer Geldnot,
die nun noch größer zu werden droht.
Er teilt brüderlich sein letztes Stück Brot
mit dem Hund, als er ein Angebot
für die Mitarbeit bei der
Obdachlosenzeitung ‚Rettungsboot'
erhält. Sein originell verfasster Artikel über Hundekot
wird hochgelobt; plötzlich ist alles im Lot!
Zufrieden sitzen Herr und Hund im Abendrot
auf der neu erstandenen Hundedecke
in burgunderrot.

H

HERZchirurg Herwig

HERZchirurg Herwig liebt das ScHERZen
bei HERZoperationen an offenen HERZen.
Herwig kennt HERZensgute,
HERZkranke HERZspezialisten,
die sich mit HERZrasen Skipisten
hinabstürzen. Nach HERZuntersuchungen
und HERZtransplantationen
verschlingt Herwig HERZförmige
HERZkirschen, Weinbrandbohnen,
HERZhafte Muffins, HERZwaffeln und
RinderHERZ im Speckmantel.
HERZpatienten seiner HERZsportgruppe
legt er die Langhantel
ans HERZ, danach gibt's Tee mit HERZgespannkraut.
Wegen HERZstolpern, HERZstechen,
HERZschmerzen und HERZgeräuschen klaut
Herwig sich HERZmedikamente. Ein
HERZloser Psychiater stellt
eine HERZneurose fest, was
Herwig HERZlich missfällt.
Herwig öffnet sein HERZchakra
bei heftigem HERZjagen.
Er hat Todesangst vorm HERZtod
durch HERZversagen!

H

HIRNforscher Hermann

HIRNforscher Hermann mag
HIRNwurst, HIRNbiopsien,
HIRNholzparkett und HIRNkorallen. Kollegen ziehen
Gesichter, wenn er über gesteigerte
HIRNaktivität, HIRNstützsubstanz
und HIRNverbrannte Autofahrer
referiert und einen Tanz
dazu auf der Vortragsbühne vorführt!
Schrumpfende HIRNmasse
aus Knetteig präsentiert er auf einer Untertasse.
Hermann spricht über HIRNzuführende
Arterien, HIRNimplantate, KleinHIRN,
HIRNquetschungen und HIRNnahrung
und bedeckt seine Stirn
mit einer Operationshaube. Seine
Ausführungen über HIRNschrittmacher,
HIRNgespinster und HIRNdurchblutung
sorgen für zahllose Lacher!
Gegen Vortragsende zeigt Hermann
Bilder von HIRNkorallen,
HIRNversorgenden Gefäßen, HIRNödemen,
HIRNblutungen und HIRNlosen Feuerquallen.
Er spricht über HIRNdoping und
HIRNzuführenden Arterien
und über GeHIRNjogging; auch während der Ferien!

H

HOCHzeitsfotograf Holger

HOCHzeitsfotograf Holger steht vorm
HOCHzeitspaar auf HOCHkantlamellenparkett.
HOCHdruckreiniger und HOCHleistungsmixer
verdecken den HOCHzeiter komplett,
das HOCHbegabte, HOCHgewachsene
Kind hinter dem HOCHsitz
grinst HOCHmütig und weil HOCHwürden einen Witz
rezitiert, lachen die HOCHzeitsgäste
hinter der HOCHzeiterin
herzhaft. Beim HOCHwillkommenen
HOCHzeitsspiel gleich zu Beginn
der HOCHzeitsfeier bricht ein HOCHhackiger Absatz
von Holgers Schaftstiefel, während am Vorplatz
vom HOCHbauamt ein DreikäseHOCH
HOCHzeitssprüche spricht.
Zwischen HOCHhäusern und der
HOCHschule erbricht
sich der HOCHzeiter, obwohl er
HOCHwirksame, HOCHpreisige
Arzneimittel in HOCHdosierung
gegen Erbrechen nimmt! Eisige
Luft folgt dem AzorenHOCH in der HOCHzeitsnacht.
Holger fotografiert das HOCHzeitskleid
nach der Tortenschlacht.

H

HOCKEyspieler Alexander

Vier HOCKEyfans scHOCKEn HOCKEyspieler
Alexander! Mit ElektroscHOCKErn,
EisHOCKEyschlägern und HOCKErbeinen
aus Metall von BarHOCKErn
prallen sie vorm HOCKEyladen beim
HOCKEyplatz gegeneinander!
HOCKEytrainer in HOCKEyschuhen
winken HOCKEy-Ass Alexander
entspannt zu und trinken Saft aus ArtiscHOCKEn,
während sie im HOCKEyshop auf
HOCKEytaschen HOCKEn
und den HOCKErkocher mit Aluguss-
Großraumpfanne aufstellen.
HOCKEykollegen mit HOCKEymasken aus
der HOCKEymannschaft gesellen
sich zu Alexander und halten
HOCKErleuchten, HOCKErleitern
und HOCKEybälle in den Händen. Plötzlich erheitern
HOCKEyspielerinnen aus der RollHOCKEy-
Nationalmannschaft die Szene,
umkreisen die HOCKEyfans und die
UnterwasserHOCKEyspielerin Irene
tanzt wild in ihrer HOCKEyausrüstung
im HOCKEypark!
Im HOCKEyvideo wirkt dieser
Ausschnitt besonders stark.

H

HOFgutbesitzer Isidor

Isidor HOFiert seinen HOFhund und die HOFmagd.
Im großen InnenHOF neben seinem HOFladen plagt
Isidor sein VorHOFflimmern. Im HOFgarten
lugt Isidor durch die Schießscharten
in der HOFmauer. Im großen WertstoffHOF nebenan
besteigt am HOFplatz neben HOFscheunen ein Mann
den neuen Funkmast! In Isidors HOFcafe hoffen
zwei GastHOFwirte, die auch von
VorHOFflattern betroffen
sind, dass der Mast neben die BahnHOFsuhr
am BusbahnHOF verlegt wird.
HOFfnungslos, aber stur
marschieren HOFnarren und HOFzwerge
vorm HOFtheater umher!
HOFflohmarkt, HOFoper und
HOFkino tun sich schwer,
weil ebenfalls die Gäste fernbleiben.
Ob's die Funkmast-Gegner übertreiben?

H

Hotelbesitzer Hagen

Hotelbesitzer Hagen besitzt ein
Hotel in Kopenhagen.
Seine Söhne und sogar seine Frau überragen
ihn an Körpergröße. Durch ihr schlechtes Betragen
bekommen die Söhne oft Verweise. Weil Hagen
es hasst, dass seine Söhne ständig versagen,
müssen sie zur Strafe an mehreren Tagen
in der Küche helfen. Die Köche jagen
sie tüchtig herum. Dann kollidiert ein Servierwagen
auf mysteriöse Weise mit einem Gast. Hotelpagen
rutschen öfter auf glitschigen
Wegpassagen beim Koffertragen
aus. Einige Hundehalter aus der
Nachbarschaft verklagen
Hagen, weil sich ihre Hunde den Magen
verrenkt haben; Schneckengift
hat vermutlich die Plagen
ausgelöst, genau vorm Hotel. Hagen
beschleicht Unbehagen.
Einer seiner Köche wird überwältigt und erschlagen.
Da stirbt Hagen ganz plötzlich an Herzversagen.

H

HÜTTEnwirt Herrmann

HÜTTEnwirt Herrmann antwortet mit
KopfscHÜTTEln oder Kopfnicken,
wenn er HÜTTEnübernachtungsgäste
HÜTTEnschuhe und HÜTTEnsocken stricken
lässt. Bei HÜTTEnabenden verscHÜTTEt
Herrmann HÜTTEnschnaps, brombeerroten
HÜTTEntee und Aufgussmittel in der
BlockHÜTTEnsauna. ScHÜTTElbroten
fügt er beim Backen einige scHÜTTEre Haare
hinzu. Über die HÜTTEnpfanne scHÜTTEt er klare
Soße und HÜTTEnkäse. Herrmann liebt
seine VerscHÜTTEtensuchhunde,
HÜTTEnmusik und seine ScHÜTTElreimsammlung.
In geselliger Runde organisiert er HÜTTEnspiele
und HÜTTEnpartys und liest aus HÜTTEnbüchern,
HÜTTEnverzeichnissen und HÜTTEnregeln;
dabei fließt HÜTTEnwein, den Herrmann
vorher scHÜTTElt. Herrman vermietet
HÜTTEnschlafsäcke und Schlafplätze
am HÜTTEnofen. Er bietet
HÜTTEntrekking mit HÜTTEnromantik und
VerscHÜTTEtensuchgeräte gegen Aufpreis
an. Herrmann streicht HÜTTEndach
und HÜTTEnwände weiß,
findet HÜTTEnpächter und lebt
fortan von HÜTTEnpacht.
Er findet, er hat's sehr gut gemacht!

H

HUNDesalonbesitzerin Helga

HUNDesalonbesitzerin Helga hat HUNDerte Kunden.
Zahllose HUNDekrallen zerscHUNDen den runden
Teppich im Eingangsbereich.
HUNDedecken, HUNDeleinen
und StoffHUNDe gibt's im kleinen
Shop in ihrer HUNDepension nebenan.
HUNDemäntel, HUNDefutter und
HUNDeshampoo kann
Helga selbst herstellen. HUNDebisse steckt
sie weg; ihr Nachbar neckt
sie mit ‚HUNDeflüsterin' nach HUNDerunden.
Als zwei von Helgas SchäferHUNDen
entwischen, findet der Nachbar sie beim HUNDskraut
im Garten. Als er seine HUNDeschule aufbaut,
hilft Helga ihm über die HUNDstage spontan;
beide versenden verliebte HUNDeblicke
wie im ScHUNDroman!

1
Industrielle Putenmast

Noch bevor der Tag anbricht,
bekommen Mastputen, die helles Tageslicht
nie erblicken, eine dünne Schicht
Stroh. An manchen Tagen sticht
ein Mensch mit ausdruckslosem Gesicht
mit Antibiotika-Spritzen – einem Bericht
zufolge – den gesamten Tierbestand.
Rein zur Vorsicht,
da ganz allgemein in der Massentierhaltung nicht
alle Tiere gesund sind. Wenn das Schlachtgewicht
erreicht ist, werden die gemästeten Puten schlicht
und einfach getötet und landen als Fleischgericht
auf den Tellern. Der wahre Tierliebhaber spricht
nicht nur, sondern kauft mit voller Absicht
kein Billigfleisch. Vegetarier üben
sich im Fleischverzicht.

1

INNENarchitekt Ingmar

INNENarchitekt Ingmar flüchtet vor SpINNEN
durch die INNENräume bei BäckerINNEN,
wobei sein linker Fuß INNEN
plötzlich schmerzt und tief drINNEN
im Knie sein INNENband reißt.
GeigerINNEN, MedizinstudentINNEN,
SchlafwandlerINNEN und RentnerINNEN
aus dem Haus begINNEN
mit der Erstversorgung! PatientINNEN,
SchwesternhelferINNEN und ÄrztINNEN
bemerken später, dass Ingmars
Blut schlecht gerINNEN
kann. Ingmar verlässt mit AmerikanerINNEN,
AraberINNEN, FINNEN
und KöchINNEN das Krankenhaus, als drei LöwINNEN
aus dem Zoo, gefolgt von
TierpflegerINNEN, HündINNEN
und ReiterINNEN vorbeisausen! Ingmar
stürzt über EntwässerungsrINNEN.
Zwei PolizistINNEN sind wahre HeldINNEN,
während Ingmars dicke Tränen rINNEN.

J

Journalistin Anita

Und Journalistin Anita schlief tief
und träumte vom rauchgeschwängerten Büromief
in der noblen Chefetage. ‚KREATIV
sein!' stand auf dem schief
hängenden Bild, auf dem ein Läufer tief
im pulvrigen Schnee versank, während er lief.
Anita wurde wegen dem falsch gesteigerten Adjektiv
ins Chefbüro zitiert. Anita versuchte, sich wief
verbal zu wehren und bekam ein Substantiv
zu hören, das sie sehr empörte. Relativ
bald erhielt Anita die Kündigung per Brief.
Dieser Traum verfolgte Anita, während sie schlief!
Und eines Tages, als sie gerädert erwachte,
fasste Anita mutig einen Entschluss und machte
sich auf den Weg. Die Sonne lachte,
als Anita dem Chef ihr
Kündigungsschreiben überbrachte.

J

JUNGunternehmerin Julia

Julia spricht beim JUNGchemikerforum
über das JUNGsein
und trinkt mit dem ZeitungsJUNGen
reichlich JUNGwein.
Mit JUNGköchen besichtigt sie JUNGrinder,
diskutiert über modische
JUNGennamen, Schreikinder
und JUNGfrauen und begutachtet mit
JUNGgärtnern JUNGpflanzen.
JUNGjäger und JUNGdesigner
unterrichten sie im Tanzen
und mit einem blutJUNGen StallJUNGen pflegt
sie JUNGvögel und HasenJUNGe und legt
sich mit ihm ins Heu.
Ein JUNGzüchter fährt sie treu
zu StrichJUNGen und zum JUNGgesellenabschied.
Dann zieht in ihrem Wohngebiet
ein JUNGenhafter, gutaussehender
JUNGstar in die große
Villa. Julia schenkt ihm eine JUNGe Rose!

K

KLEINbauer Kilian

Kilian verlässt sein KLEINbauernhaus in
KLEINkarierten Hosen im KLEINbus. GänseKLEIN
mit Blutsoße, KLEINblütige Rosen,
KLEINgebäck, seine KLEINpudel und ein
klitzeKLEINes ZicKLEIN mit einem GlöcKLEIN
befördert er zum KLEINgartenverein.
Kilian führt KLEINreparaturen in den
KLEINgartenanlagen aus und beantwortet
KLEINgärtnern sämtliche Fragen!
Er liebt KLEINgärtnerfamilien und das
KLEINgartenwesen allgemein.
Kilian sammelt KLEINkaliber, besitzt den
KLEINen Waffenschein, einen KLEINtraktor,
zwölf KLEINcomputer und einige KLEINtiere.
KLEINreparaturen notiert er haarKLEIN
auf KLEINkarierte Papiere.
Während KLEINpudel und das ZicKLEIN
KLEINkinder begeistern,
muss Kilian samt KLEINzelligem
Lungenkrebs alles meistern.
Er repariert KLEINmöbel, KLEINflugzeuge,
KLEINkrafträder und KLEINwagen
und hilft KLEINunternehmen und
neuerdings sogar KLEINverlagen.
Der KLEINwüchsige Kilian, dem seine Nase missfällt,
spart für eine NasenverKLEINerung
KLEINlich sämtliches KLEINgeld!

K

KLIMAforscherin Corinna

KLIMAforscherin Corinna will
KLIMAwissenschaften studieren.
Sie lässt mobile KLIMAanlagen montieren,
ist akKLIMAtisiert und treibt im
heilKLIMAtischen Kurort
in KLIMAtisierter Sportwäsche auf
KLIMAplatten etwas Frühsport!
Corinna druckt KLIMAneutral ihren
Text übers KLIMAschutzkonzept,
verfolgt GeschäftsKLIMAindex und
KLIMApolitische Maßnahmen und rappt
zu ihrem selbstkomponierten
KLIMAsong. In Corinnas KLIMAlied
geht's um KLIMAprognosen und
KLIMAabkühlung im KLIMAschutzgebiet
und über subtropische KLIMAzonen,
in denen saftige Zitronen
wachsen! Und in Corinnas KLIMAschutzmärchen
vernichten Donaudampfschifffahrtskapitäne
WeltKLIMAberichte, KLIMAtabellen,
KLIMAverträge, defekte KLIMAkondensatoren
und KLIMAschutzpläne.

K

KNIEchirurg Knut

KNIEchirurg Knut fährt trotz KunstKNIE
mit KNIEschonern Motorrad und Ski.
KNIEwärmer, KNIEstrümpfe und die
stabilisierende KNIEbandage
vergisst er in der Garage,
wenn er in KNIEhohen Stiefeln zum Fischen
fährt. Trotz starken KNIEschmerzen holt er frischen
Fisch aus KNIEtiefen Gewässern.
Er pflanzt Herbstzeitlose
in der KNIEbundhose trotz KNIEprothese
und KNIEgelenksarthrose.
Gern KNIEt er unterm AbflussKNIE vom Waschbecken
und bestellt KNIEgeige, KNIElinge
und wärmende KNIEdecken
im Internet. Für die Stärkung der KNIEmuskulatur
und KNIEschonendes KNIEtraining
beantragt er eine Kur.
In KNIElangen Kleidern KNIEen
Frauen auf KNIEstühlen.
KNIEspezialist Knut beginnt, sich nach
KNIEbeugen wohlzufühlen.

K

KOCH Balduin

Balduin hat die KOCHlehre abgebrochen.
Als BeiKOCH darf er KOCHen,
wobei er liebend gern KOCHcreme,
KOCHwurst und KOCHkäse verwendet. Probleme
bereiten ihm aufwendige
KOCHrezepte, KOCHmesser,
heiße KOCHplatten und pingelige Esser.
Vom ChefKOCH bekommt er KOCHunterricht.
KOCHfisch ist Balduins erklärtes Lieblingsgericht;
in Senfsoße und mit Reis
im KOCHbeutel. Mit viel Fleiß
reinigt er KOCHutensilien und KOCHfeld.
Dann bietet man ihm Geld
für exklusive Fotoaufnahmen mit KOCHgerät,
KOCHbüchern, KOCHjacken und KOCHmützen. Spät
beginnt er so eine Karriere vorm KOCHtopf!
Auf einem beliebten KOCHjournal prangt sein Kopf!

K

KOHLebergbau-Arbeiter Kalle

Nach KOHLensäurehaltigen Getränken, KOHLauflauf,
ChinaKOHLsalat und KOHLetabletten
sucht Kalle aus dem KOHLenpott die Toiletten
im edlen Gasthof KOHLbauer auf. Mit ZeichenKOHLe
skizziert er KOHLebriketts, KOHLeulen,
eine KOHLrabenschwarze Dohle,
KOHLmeisen neben jungen
KOHLpflanzen, KOHLfliegen
und dicken Schafen und Ziegen,
die KOHLdisteln und KOHLrabi fressen.
Kalle mag KOHLgerichte, verKOHLtes Essen,
WeichbraunKOHLe, KOHLfelder, KOHLezahnpasta
mit KOHLenstoffpartikeln und KOHLrouladen.
Rentner Kalle fertigt KOHLezeichnungen,
liebt das Baden
und vermisst KOHLebagger, KOHLeöfen
und die KOHLeindustrie
im Allgemeinen. Er bestellt KOHLwickel fürs Knie,
bevor er wieder KOHLdampf auf
BlumenKOHL verspürt.
Als Tagesgericht ist eine deftige
KOHLpfanne aufgeführt.

K

KOMMENtatorin Carla

KOMMENtatorin Carla ist bei hohem
VerkehrsaufKOMMEN
ihre vollKOMMEN zerkratzte Brille
abhandengeKOMMEN. Verschwommen
KOMMEN ihr die Wörter ‚WillKOMMEN,
reinKOMMEN und
dranKOMMEN' auf einer Litfaßsäule
entgegen. Ein Hund,
der verKOMMEN aussieht, bellt
vollKOMMEN außer sich.
Carla fährt KOMMENden Kinofilmen
entgegen, ein Stich
durchs Herz und ein entgegenKOMMENder
Lastkraftwagen
in die Seite. HinzuKOMMENden
KOMMENtatoren versagen
die Worte. Neben Plakaten von
ArtenschutzabKOMMEN
und dem FreihandelsabKOMMEN
stehen sie benommen
und KOMMENtarlos an der Unfallstelle und warten,
bis die Sanitäter anKOMMEN, in einem Vorgarten.

KONSUMforscher Cornelius

KONSUMforscher Cornelius KONSUMiert auf
KONSUMgütermessen einen ÜberKONSUM an
fettigem Essen. Er übertreibt FischKONSUM
und AlkoholKONSUM als KONSUMent
und TabakKONSUM, KONSUMausgaben und
SüßwarenKONSUM wachsen permanent.
Cornelius erforscht KONSUMwachstum,
KONSUMneigungen, KONSUMhäufigkeit
und KONSUMgewohnheiten.
Er darf einige KONSUMjunkies ohne
KONSUMbewusstsein begleiten
und über KONSUMwünsche, KONSUMbeziehung
und KONSUMhäufigkeit befragen.
Was sie als KONSUMopfer über
FleischKONSUM sagen?
Können sie beim KONSUMmüll,
KONSUMniveau und KONSUMverhalten
mit den KONSUMorientierten und
KONSUMsüchtigen Nachbarn mithalten?
Cornelius interviewt KONSUMabhängige
Unternehmer und eine KONSUMverweigerin,
die durch KONSUMverzicht und
KONSUMboykott mehr Sinn im Leben
findet. Er liest über KONSUMdiäten und wird
durch die KONSUMgegnerin zum späten
KONSUMwandel angeregt. Cornelius befällt
eine KONSUMierende Tumorerkrankung.
Er hasst seinen MedikamentenKONSUM
und seine Verschlankung!

KORBflechter KORBinian

KORBflechter KORBinian legt
KORBblütengewächse, KORBweinflaschen
und Harzer KORBkäse in KORBtaschen.
Sein Rad samt KORBtaschen im FahrradKORB schiebt
KORBinian flott zum KORBwarenmarkt, den er liebt!
KORBinians Schnupperkurse im KORBflechten
sind neuerdings ausgebucht und seine
KORBmacherei ‚BienenKORB' ist gut besucht.
Unlängst zeigte KORBinian im KORBwarengeschäft
einer netten KORBballspielerin KORBvasen und
KORBstühle; auf KORBsofas, KORBbetten
und KORBliegen durfte sie probeliegen. Das
KORBbett unter den KORBmarkisen und
KORBhängesesseln brach komplett
unter der Last der KORBballspielerin! Sie flog
zwischen KatzenKORB und
HundeKORB runter und zog
sich einen KORBhenkelriss am Meniskus und eine
BrustKORBprellung zu. KORBinian
verfrachtete sie ins allgemeine
Krankenhaus. Täglich bringt er
einen BlumenKORB vorbei
und als er mit dem KORBkinderwagen seine zwei
Hunde im HenkelKORB mit Deckel einschleust, lacht
sie gut gelaunt. Zwischen KORBinian und ihr erwacht
Liebe! KORBinian kauft KORBfilterpapier,
KORBrollen und KORBrührer
und erlernt das KORBballspiel; als perfekter Verführer!

K

KORNelia und KORBinian

KORNelia kauft beim KORBflechter
KORBinian diverse KORBwaren.
Auf einen hübschen KORBsessel will sie sparen
und KORBinian schenkt ihr eine
kleine KORBweinflasche
obendrein. Als KORNelia zuhause
aus ihrer KORBtasche
FrischKORNmüsli und MehrKORNsemmeln
zutage fördert, denkt
sie an KORBinians KORNblumenblaue
Augen. Sie schenkt
ihm am nächsten Tag Kirschen
vom KORNelkirschenbaum
in ihrem Garten, ganz spontan. Im Traum
liegt sie mit KORBinian im wogenden KORNfeld.
Beim KORBflechten und beim KORBball spielen stellt
KORNelia KORBinian nach, bis sie einen klaren
KORB erhält. Neben KORBblütengewächsen
wird KORBinian zusammengefahren.

K

KRAFTomnibusfahrerin Klara

KRAFTomnibusfahrerin Klara merkt,
dass ihre SehKRAFT schwindet.
Die KRAFTfahrstraße zwischen GasKRAFTwerk
und KRAFTfuttermischwerk windet
sich durch Waldstücke und eine
MathematiklehrKRAFT erbricht
KRAFTbrühe und KRAFTnahrung, was
die ReinigungsKRAFT nicht
stört, die daneben sitzt und
KLEINkraftwagen zuwinkt.
Eine HalbtagsKRAFT benutzt lautstark
KRAFTausdrücke und singt
dann leise. Einer FachKRAFT fallen KRAFTharken
mit Stahlfedern aus den KRAFTvollen, starken
Händen, als Klara einem LastKRAFTwagen ausweicht.
Die ArbeitsKRAFT neben dem KRAFTsportler reicht
diesem KRAFTlos die Hand, als
eine PolizeieinsatzKRAFT
den KRAFTomnibus stoppt. Eine
tatkräftige BüroKRAFT verschafft
sich Frischluft, während Klara den
KRAFTfahrzeugschein sucht
und online Urlaub an einem KRAFTort bucht!

K

KRANführer Clement

KRANführer Clement betet RosenKRANzgebete
mit geweihten RosenKRANzketten,
als ein KRANsachverständiger sein
KRANkenzimmer mit netten
KRANkenschwestern, KRANkenpflegern und
KRANkenakten betritt. Der lungenKRANke
und krebsKRANke Clement bekritzelt
ein KRANkontrollbuch. ‚Danke',
haucht der SchwerstKRANke. Ein
KRANkgeschriebener KRANmonteur schenkt
Clement KRANhaken, KRANbeeren
und KRANgurte und lenkt
ein KRANfahrzeug vors KRANkenhaus!
Einmal noch will
Clement KRANreifen, KRANkonsole und
KRANbedienung anfassen. Still
kauert er im KRANwagen und blickt über
KRANanhänger und KRANgewichte. Es ist ein trüber
Tag, als der KRANkheitsprozess
KRANführer Clement besiegt.
Wobei seine Urne unweit vom KRANverleih liegt!
Ein alkoholKRANker, KRANkfeiernder
Mitarbeiter einer KRANkenkasse besucht
Clements Grab täglich, wobei er KRANkhaft flucht.

K

KRANKenversicherungsfachmann Kajetan

Der nervenKRANKe, KRANKgeschriebene
Kajetan bestellt an KRANKentagen
öfter ein KRANKenbett im PrivatKRANKenhaus,
einen KRANKenwagen, KRANKensalbung,
einen KRANKenpfleger und eine persönliche
KRANKenschwester. Kajetan hat ErbKRANKheiten,
DarmerKRANKungen und ist Tester
für seine KRANKenversicherung.
Kajetan liebt den KRANKenstand
und bespuckt in KRANKenzimmern
KRANKengymnasten, die Wand
und Chefärzte. Kajetan ist Experte
für BerufsKRANKheiten,
GefäßerKRANKungen, diverse
KRANKheitsbilder und hasst das Arbeiten.
Er schaukelt sich regelmäßig
seeKRANK auf Arbeitsstühlen
und erKRANKt grundsätzlich an
SchlafKRANKheit an kühlen
Tagen. Neuerdings ist er fußKRANK;
mit KRANKenschwestern
verfolgt er KRANKenhausserien und
einen spannenden Western.
Kajetan spielt einen scheinKRANKen
Hypochonder, zum KRANKlachen
gut! Nebenan basteln KrebsKRANKe
einen lungenKRANKen Drachen.

K

KREBSforscher Kristian

KREBSforscher Kristian kocht
gestoßene KREBSschalen,
während seine Kinder ZwergKREBSe abmalen,
die durchs KREBSaquarium KREBSen. Kleine
KREBStierchen, orangefarbene
ZwergflussKREBSe, Algen, Steine,
KREBSfutter und Blaue FloridaKREBSe
werden auf Zeichenpapier
verewigt! Kristian stellt KREBSfleisch,
KREBSsuppe und Bier
vor seine KREBSkranke Ehefrau, die
langsam KREBSmaschen
häkelt. Sie hat verKREBSte Organe,
tiefe Zahnfleischtaschen
und mehrere große KREBSgeschwülste.
Weitere KREBSbehandlungen lehnt
sie ab; wegen all ihrer KREBSarten sehnt
sie still den Tod herbei. Im KREBSgang
toben die Kinder durchs Zimmer. Mit ‚KREBSfang
auf hoher See' ist eine
Fernsehdokumentation betitelt;
während woanders ein Fernsehkommissar
in KREBSkliniken ermittelt.
KREBSforscher Kristian reist mit KREBSärzten
zu KREBSforschungskongressen.
Die KREBSzellen seiner Frau
vermehren sich unterdessen.

K

KRIEGsveteran Georg

Vor KRIEGsveteran Georgs Fenster beKRIEGen
sich spielerisch Schafe und Ziegen,
während er von KRIEGsfilmen nicht genug KRIEGen
kann. – Selbst bei PreisKRIEGen geht's ums Siegen!
Georg kennt KRIEGsschauplätze, KRIEGsteilnehmer,
PapierKRIEGe und KRIEGsgebiete.
Seine KRIEGsrente geht für alte KRIEGswaffen, Miete
und KRIEGsspielzeug drauf. Georg interessieren
VorKRIEGsgebäude, LuftKRIEGe,
und KRIEGsrechte; uninteressiert
erschlägt er eine Fliege,
während ÖlKRIEGe, RosenKRIEGe und
Berichte über KRIEGsursachen
und KRIEGsopfer im Fernsehen ihn zum Lachen
bringen. Beim nächsten KRIEGerischen Konflikt
humpelt er, trotz KRIEGsverletzung, geschickt
zur Toilette. Dort hängen Bilder vom Zweiten
WeltKRIEG und KRIEGsgöttern.
Das waren noch Zeiten!

K

KÜCHEnhilfe Kerstin

Kerstin arbeitet vor KÜCHEnöfen in einer GroßKÜCHE
mit KÜCHEnchefs und KÜCHEndunstabzugshauben
gegen verschiedenste KÜCHEngerüche.
Beim Schrubben von KÜCHEnspülen,
KÜCHEntöpfen, KÜCHEnböden
und KÜCHEntischen bekommt sie bei blöden
Bewegungen Rückenschmerzen und
bleibt dem KÜCHEndienst fern.
KÜCHEnschaben und ein KÜCHEnverkäufer
tummeln sich gern
auf KÜCHEnbänken unter KÜCHEnfenstern
in ihrem KÜCHEnbereich.
Sie fängt neun KÜCHEnschaben auf einen Streich
und lässt sie in der WerksKÜCHE frei.
Ein KÜCHEnhersteller und KÜCHEnkräfte
beobachten sie dabei!
Die GerüchteKÜCHE brodelt. Kerstin
verkauft neuerdings notgedrungen
in einem KÜChengeschäft KÜCHEngeräte,
KÜCHEnfliesen und KÜCHEneinrichtungen.
Und sie muss sich bei KÜCHEnänderungen,
KÜCHEnumzügen
und KÜCHEnmontagen auch mal neben
KÜCHEnabfällen vergnügen!

K

KUGELstoßer Curd

Curd erbt eine KanonenKUGEL,
PapageienKUGELfische und KUGELfischverwandte
von seiner an KUGELzellenanämie
verstorbenen KUGELrunden Tante.
Zwischen RouletteKUGELn, KUGELhanteln,
BilliardKUGELn und MottenKUGELn krabbeln
und KUGELn KUGELförmige
KUGELkäfer. Im Radio brabbeln
Kammerjäger über Ungeziefervernichtungsmittel.
Neben dem KUGELgrill futtert
Curd FleischKUGELn und RumKUGELn. Dann buttert
er StoßKUGELn und BocciaKUGELn
in Richtung KUGELkäfer,
die unter KUGELleuchten und
KegelKUGELn verschwinden. Schäfer
diskutieren im Radio über KUGELblitze,
KUGELamberbäume, KUGELdisteln,
den Anbau von KUGELrettich und
Weißbeerige Misteln.
Curd zerquetscht KUGELkäfer mit zwei
dicken KUGELschreibermienen.
Unter KUGELakazien und KUGELeichen
attackieren ihn Bienen!
Während Curd im Krankenhaus
durchsichtige EisKUGELn erhält,
überKUGELn sich blutjunge
KUGELkäfer; was denen gefällt.

K

KUNDEnberater Kai

Kais Nase erKUNDEt im
KUNDEntelefonat üblen Geruch,
während er an der KUNDEnhotline
im SexualKUNDEbuch
blättert und auf AktienurKUNDEn,
EhrenurKUNDEn der Bundesjugendspiele,
KUNDEnparkplätze, KUNDEnnummern und
empörte KUNDEnreklamationen starrt. Viele
KUNDEn vom KUNDEnevent stehen
vor den KUNDEntoiletten
und beKUNDEn Unmut, obwohl sie von netten
KUNDEnbetreuern vom GeschäftsKUNDEnservice
süße KUNDEngeschenke und KUNDEnjournale
erhalten. Beim UrKUNDEnfälscher mit
EinbürgerungsurKUNDE glänzt aschfahle
Gesichtshaut! KUNDEninformationen besagen,
dass ein KUNDEndienstmitarbeiter KUNDEnorientiert
die KUNDEntoiletten im KUNDEnbereich
in Kürze repariert.
Der UrKUNDEnfälscher und ein StammKUNDE eilen
zum KUNDEnparkplatz, weil KUNDEnmanager
Chemietoiletten verteilen.
In dieser SeKUNDE gibt's eine
positive KUNDEnmeinung!
Endlich tritt der KUNDEnfreundliche
KUNDEndienst in Erscheinung.

K

Kunigundes Hunde

Früher stand auf dem Grundstück von Kunigunde
ein Werk, in dem Faser-Kunststoff-Verbunde
mit giftigen Harzen hergestellt wurden. Ihre Hunde
lässt Kunigunde im Garten toben; im Grunde
haben sie und die Hunde einige Pfunde
zu viel auf den Rippen. Mehrere kreisrunde,
blanke Stellen und eine eiternde, große Wunde
fallen am Kopf eines Hundes auf. Gesunde
Zähne fallen dem Hund fast jede Stunde
aus; die Kunde ist in aller Munde
bei den Leuten im Ort. Nachbarin Rosamunde
wartet mit Kunigunde auf die
medizinischen Befunde;
die anderen Hunde verscharren
derweil seltsame Funde.

K

KUNSThistorikerin Karina

Karina fertigt auf KUNSTrasen vorm
KUNSTmuseum KUNSTblut
und KUNSTblumen und übt
KUNSTradfahren! Unterm Hut
aus KUNSTleder trägt sie eine KUNSTvolle Frisur.
GesangsKUNST, MalKUNST, ZauberKUNST
und KUNSTstücke zeigt KUNSTfigur,
KUNSThistorikerin und Kleinkünstlerin Karina
neben KUNSTpflanzen, KUNSTdüngerstreuern,
KUNSTdrucken, KUNSTstichen und den
drei künstlichen Ungeheuern
aus KUNSTstoff. Ein KUNSTfälscher
und zwei KUNSTschriftsteller
finden großen Gefallen an
KUNSThistorikerin Karinas origineller
Art. Sie trifft die drei bei KUNSTlicht
auf der KUNSTeisbahn und der
KUNSTfälscher besticht
im Anzug aus KUNSTseide mit seiner EislaufKUNST!
Gemeinsam mit Karina nutzt er die Gunst
der Stunde und sie verwickeln
die KUNSTinteressierten
KUNSTschriftsteller, KUNSTsammler, zwei
KUNSTsachverständige und einen trainierten
KUNSTturner in einen Unfall auf dem KUNSTeis!
Ein KUNSTschaffender KUNSTjournalist
sucht verzweifelt irgendeinen Beweis.

K

KURSleiter Curt

Curt bucht FortbildungsKURSe
und übt KURSivschrift,
während er ExKURSionsteilnehmer im Chatroom trifft
und gelegentlich ein Auge auf seine
SchwimmKURSteilnehmer
wirft. Er bucht KochKURSe und aufgrund extremer
KURSschwankungen beim AktienKURS
verfolgt er KURSentwicklungen aufgeregt.
Curt bucht FörderKURSe und einen
PannenKURS, bewegt
die Finger und geht während der KURSstunde
auf die Toilette. Er tippt eine runde
Zahl in den KURSrechner und besichtigt virtuelle
RundKURSe, KURSpläne und
KURSräume, als ihn grelle
Schreie erschrecken. Eine KURSteilnehmerin treibt
reglos im Becken. Curt schreibt
zerstreut KURSziele und
WechselKURSe auf und denkt
an RettungsKURSe, während er mit
Rettungsbemühungen anfängt!

K

KURZarbeiterin Gunilla

Die KURZsichtige, KURZatmige Gunilla
beantragt einen KURZkredit
und kauft KURZerhand KURZhanteln, um sich fit
zu halten. Über die KURZzeitwirkung vom Rauchen,
und warum Menschen keine KURZlebigen
Konsumgüter brauchen,
dreht sie KURZfilme und schreibt
KURZweilige KURZgeschichten.
Gunilla will auf KURZarbeit und
KURZarbeitergeld verzichten
und stattdessen KURZurlaube
und KURZreisen buchen
und ihre Erbtante im KURZzeitpflegeheim besuchen.
Gunillas KURZzeitig verwirrte Tante
bestellt nach KURZnarkosen
in einer KURZschlusshandlung KURZfristig
KURZmäntel, KURZe Hosen,
KURZjacken, KURZoveralls, KURZkreuzfahrten
und ein KURZzeitkennzeichen.
KURZentschlossen lässt sie Gunillas Erbteil streichen!

L

LEICHEnträger Lukas

Der stets LEICHEnblasse LEICHEnträger
Lukas liebt LEICHEntransporte.
LEICHEnkammern und LEICHEnschauhäuser
sind für ihn Kraftorte
und Glücksgefühle beschLEICHEn ihn bei
LEICHEnbegräbnissen, LEICHEnfeiern
und LEICHEngeruch. Wenn Gülle nach faulen Eiern
riecht, öffnet der bLEICHE LEICHEnträger
im LEICHEnwagen
mit gespielter LEICHEnbittermiene
die Fenster. An Urlaubstagen
sammelt Lukas LEICHEnteile mit seinem
verrenteten LEICHEnspürhund!
IgelLEICHEn, KatzenLEICHEn, BlindschLEICHEn
und so manchen LEICHEnfund
mit LEICHEnfraß, LEICHEnstarre und LEICHEnflecken
machen die beiden. Vollgesogene Zecken
liegen neben LEICHEnkörpern. Im
LEICHEnhemd auf LEICHEntüchern
liest Lukas von umherschLEICHEnden
MoorLEICHEn in Büchern.
Er macht VersicherungsvergLEICHE,
UnterschriftsvergLEICHE, EigenkapitalvergLEICHE
und TemperaturvergLEICHE.
Er beerdigt eine KindsLEICHE
und eine AlkoholLEICHE.

LEICHTathlet Luwig

LEICHTathlet Ludwig umschLEICHT
ultraLEICHTe, große Flugzeuge. Wegen manisch-
depressiver Psychose erLEICHTert Ludwig
LEICHTherzige, LEICHTgläubige Personen,
die hinter LEICHTbauwänden aus LEICHTbetonen
unter LEICHTdachsystemen wohnen, um
pflegeLEICHTe LEICHTwanderschuhe, Bargeld
und LEICHTbauräder. Ludwig klaut, was ihm gefällt!
Mit federLEICHTen LEICHTrucksäcken,
LEICHTjacken und zwei LEICHTregalen
bleibt er wegen eines
LEICHTgewichtrollstuhls im schmalen
Gang eines LEICHTbauhauses hängen.
Einen LEICHTen Schatten
nimmt Ludwig wahr, bevor sich
zwei LEICHTholzplatten
von der hohen LEICHTholzdecke lösen und LEICHT
seinen Kopf streifen. LEICHT verletzt
und geschockt erbLEICHT
er, erbricht LEICHTe Kost neben
einem LEICHTkraftrad und taumelt.
VielLEICHT vertuscht man die Tat.
Die Hausbesitzer, zwei LEICHTmatrosen,
haben unverschlossene Türen.
Ob die beiden LEICHTsinnigen
vielLEICHT Mitleid verspüren?
VielLEICHT zählt im Fall des
bekannten LEICHTathleten
die LEICHTigkeit des Seins. Und nicht Moneten.

L

LIEDermacher Hans

LIEDermacher Hans trägt fLIEDerfarbene
GLIEDerarmbänder, trinkt FLIEDerblütenlikör
und seine Gewänder samt mehrerer
GLIEDergürtel verströmen betörenden
FLIEDerduft. Hans nimmt die störenden
Fußkrämpfe namens GLIEDerdystonie kaum wahr;
FLIEDertee und MarschLIEDer helfen wunderbar,
auch gegen Kopf- und GLIEDerschmerzen.
LIEDzitate baut Hans zwischen Scherzen
in LiebesLIEDer und LIEDerliche
LumpenLIEDer in LIEDzeilen
ein. Bei LIEDerabenden und
LIEDwettbewerben mit geilen
LIEDideen und LIEDtexten durchströmen
seine lädierten KörperGLIEDer
positive Energien! Er singt seiner FLIEDerbeersuppe
LIEDer vor. Dreiteilige LIEDformen, LIEDhafte
Musikstücke, FLIEDerzweige, LIEDergesang,
LIEDerbücher, LIEDerpredigten und
FLIEDergeruch lassen Hans stundenlang
allen Schmerz vergessen. Er denkt ans FLIEDeraroma
im FLIEDerzucker aus FLIEDerblüten,
damals bei Oma.
MitgLIEDer seiner LIEDerbühne haben
den GLIEDerheizkörper aufgedreht.
LIEDerfetzen seiner LIEDkunst werden
nach draußen geweht!

L

Lises Nachbar

Insgeheim findet Lise, dass dieser neue fiese
Nachbar das große Grundstück mit der Blumenwiese
nicht verdient. Sie weiß, dass er Ostfriese
ist und außerdem in Verruf steht, miese
Geschäfte in verschiedenen
Bereichen zu tätigen. Lise
weiß, dass dieser große, dicke ostfriesische Riese,
der da so selbstzufrieden unter seiner Markise
sitzt, Mitschuld am Aussterben der letzten Paradiese
trägt. Er erschließt dort Lagerstätten für Baukiese.
Eines frühen Morgens weht eine steife Brise
und der neue miese Nachbar nutzt diese,
um Ärztin Lise und ihre Schwester Denise
einzuladen. Während sie trinken
und über Weizengrieße
fachsimpeln, überkommt den Nachbarn
eine gesundheitliche Krise;
ganz plötzlich! Später lautet hier die Expertise:
‚Tod durch Strangulation mit Gürtel ohne Schließe,
abseits vom Wohnhaus, in der frei
stehenden Wagenremise.'

L

LITERaturagentin Lina

Lina läuft mit GegenwartsLITERatur in der Hand,
LITERwein, LITERaturzeitschrift und
Smartphone gegen die Wand
im LITERaturmuseum. LITERaturbegeisterte
unterbrechen LITERaturrecherchen und LITERaten
und LITERaturkritiker halten im
LITERaturspaziergang inne, raten
LITERaturagentin Lina zur stabilen Seitenlage
und diskutieren über die LITERaturtage,
LITERaturklassiker, LITERpreise für Heizöl
und FachLITERatur nebenbei.
KarmeLITER und ein LITERaturbesessener
Beamter der Polizei
filmen Lina mit dem iPhone, bevor Rettungssanitäter
eintreffen. Beim LITERaturforum im
LITERaturhaus wird später
über den Vorfall gesprochen und geschrieben.
Mitarbeiter des LITERaturmuseums
finden's maßlos übertrieben.

L

LÖWEndompteur Leo

LÖWEndompteur Leo steht mit LÖWEnmut
im LÖWEnkostüm vor seinem gut
dressierten, LÖWEnstarken LÖWEn.
Leo besitzt eine LÖWEnmähne
und einen LÖWEnanteil an Zoo-Aktien. LÖWEnzähne,
LÖWEnbilder von LÖWEnfunden eiszeitlicher
HöhlenLÖWEn und LÖWEnzahntee
sind in seiner ‚Villa LÖWEnrudel' am See
käuflich zu erwerben. Leo vermietet den LÖWEnsaal
samt Herrenzimmerschrank mit LÖWEntatzen
und LÖWEnäffchen jedesmal
für teures Geld. Leo aus der LÖWEngasse
hat vorm LÖWEnkäfig seines LÖWEnpaars eine Kasse
montiert. Leo mag SeeLÖWEn, LÖWEnjagden,
LÖWEnbabys, LÖWEndressur,
LÖWEnzahnsalat, schnell verdientes
Geld und seine LÖWEnfrisur!

L

LOHNbuchhalterin Leonore

LOHNbuchhalterin Leonore erhält
StundenLOHN von einem Steuerberater,
LOHNabfüllern, dem LOHNpfänder
und dem jungen Pater,
für gewisse Tätigkeiten. Vom
LOHNhersteller mit Wohnungen
über der alten LOHNmosterei
erhält sie BeLOHNungen
in selbstgebastelten LOHNbeuteln und LOHNtüten
mit LOHNzetteln und aufgeklebten Blüten!
Sie erhält LOHNauszahlungen vom
Manager mit SpitzenLOHN,
ein LOHNlexikon und einen
FinderLOHN. Ihre LOHNsituation
ist prächtig! Im LOHNbüro nimmt
sie sich einen BarLOHN. Selbstbestimmt
startet sie in ein Leben ohne LOHNtabellen
und LOHNsteuer. Ihr erstes Ziel heißt ‚Seychellen'!

L
LOSverkäuferin Lieselotte

LOSverkäuferin Lieselotte betreut die LOSbude
ihrer humorLOSen, herzLOSen Tante Trude.
Gegen KLOSsbrühe bieten zwei
heimatLOSe ObdachLOSe
nach überstandener PrimärtuberkoLOSe
vorm LOStopf große
Gesangskunst! Ein rastLOSer LOSkäufer
von der SchLOSsverwaltung
engagiert die beiden ArbeitsLOSen
für die Unterhaltung
beim SchLOSsfest und spendiert ihnen grundLOS vier
LOSe, welche die beiden wortLOS gegen Bier
und einige kernLOSe Weintrauben tauschen.
ZahlLOSe Besucher der SchLOSsfestspiele lauschen
dem bewegenden Stimmenkonzert der
ObdachLOSen im SchLOSsaal!
LOSfee Lieselotte findet die beiden endLOS koLOSsal.

L

LUNGENspezialist Ludger

LUNGENspezialist Ludger hat eine große
Angst vor LUNGENkrebs, LUNGENfibrose,
schlechter LUNGENdurchblutung,
LUNGENröntgenuntersuchungen, LUNGENgängigen
Stäuben und LUNGENversagen.
Mit gedünstetem LUNGENbraten und
LUNGENkrauttee im Magen
führt er LUNGENspiegelungen, LUNGENpunktionen,
LUNGENultraschalluntersuchungen
und LUNGENoperationen
durch. Ludger darf in der
LUNGENheilanstalt wohnen.
Bilder von LUNGENmaschinen, Australischen
LUNGENfischen und LUNGENquallen
zieren seine Wände. LUNGENchirurg Ludger hält allen
LUNGENpatienten und LUNGENfachärzten Vorträge
über LUNGENinfektionen, LUNGENheilkunde
und LUNGENlymphome und rät zu einer Stunde
LUNGENtraining. Seit seinem LUNGENstechen
und dem LUNGENfunktionstest
hat Ludger Angst vor LUNGENmilzbrand
und LUNGENpest!

M

MichELLEs Freund

MichELLEs Freund sitzt wegen
einer kleinen BagatELLE
mit einer komplexen ELLEnbogenluxationsfraktur
in einer GefängniszELLE.
Auf seinem Nasenrücken ist eine hässliche DELLE
zu sehen; wie an seiner linken ELLE
befindet sich dort verkrustetes Blut. Eine WELLE
von Schmerz überkommt ihn. Der
arbeitslose HandwerkergesELLE
schreibt ELLEnlange Briefe an
seine Freundin MichELLE,
in welchen er sie liebevoll ‚meine GazELLE'
nennt. Nur selten erblickt er das hELLE
Tageslicht. Als er beim Küchendienst die TürschwELLE
übersieht, ergießt sich der Inhalt seiner SchöpfkELLE
auf die Schuhe des Küchenchefs. Zwei schnELLE
Seitenhiebe befördern MichELLEs
Freund auf der StELLE
zu Boden. Er bekommt eine vergiftete MirabELLE
untergejubelt; außerdem kontaminiertes
Wasser aus einer MineralwasserquELLE.
Er erbricht sich über die rechte HandschELLE.
Wärter finden ihn leblos in der GefängniskapELLE.

M

MILCHbauer Marten

Auf MILCHbauer Martens MILCHhof
trabt dem MILCHvieh
ein Chinese mit MILCHzahn, MILCHkannen
und MILCHeiweißallergie
hinterher. Er verkostet MILCHsuppe
mit Backpflaumen, MILCHbrot
und MILCHreis mit Rosinen. Er ist rot
im Gesicht trotz SonnenMILCH
und MILCHigem Schleier
am Himmel. Der MILCHgesichtige Chinese ist freier
Mitarbeiter in MILCHbauer Martens
MILCHviehstall! Ein MILCHschaf,
MILCHziegen, MILCHkühe und ein
MILCHjunge springen brav
über MILCHflaschen und hölzerne
MILCHlaster beim MILCHorangenbaum.
Eine Stute mit MILCHführenden
Zitzen pustet MILCHschaum
aus MILCHgläsern an der MILCHbar, frisst MILCHeis
und MILCHtrinker mit MILCHgebiss reiten im Kreis
auf ihrem Rücken. Der Chinese schlürft MILCHkaffee;
die ‚MILCHshow' am MILCHviehstall ist seine Idee!
Der Chinese macht Martens MILCHhof zur Attraktion.
Er verlangt MILCHschokolade und
KokosMILCH als Zusatzlohn.

M

MITEINANDER

Miteinander ziehen VOLKer und
SANDra durchs Leben.
Stolz läuft SANDra in SANDbraunen
Laufschuhen neben
VOLKer beim VOLKslauf durchs
Ziel. ‚Nur miteinander!'
steht auf dem Schild, das Sohn Alexander
schwenkt. VOLKer liebt SANDkuchen,
den SANDra hasst,
während SANDra sich eingehend
mit VOLKsmusik befasst –
die VOLKer nichts gibt. Urlaub am SANDstrand
mögen beide und auf der großen Pinnwand
in der Küche hängen zwei VOLKstheaterkarten.
VOLKers Stolz ist ein BienenVOLK im Garten.
SANDra lässt sich furchtbar gern ihre SANDalen
vom VerSANDhändler liefern;
VOLKer darf die bezahlen.
Gemeinsam engagieren sie sich
oft bei VOLKsbegehren,
wo sich alle miteinander gegen etwas beschweren!

M

MITTElstreckenläuferin Miriam

MITTElstreckenläuferin Miriam trainiert
nachmittags, um MITTErnacht,
und macht MITTEn am Vormittag acht
Trainingsläufe. Bis zur NachmittagsMITTE hin
ergeben viele Trainingspausen wenig Sinn!
GeheimMITTTEl und unMITTElbar vorm
MITTElstreckenlauf verabreichte DopingMITTEl
verhelfen Miriam auf MITTElbahnen
zu manchem Titel.
Eine MITTElohrentzündung, eine MITTElhandfraktur,
eine MITTElgradige depressive
Episode, ihre MITTElgroßen Hunde und ihre schiefe
Nasenscheidewand bereiten Miriam unverMITTElt
Probleme. Eine MITTElgesichtsfraktur
durch einen Autounfall auf der MITTElspur, nur
durch MITTElleitplanken gebremst, wirbelt
Miriams Leben durcheinander.
Halt gibt ihr der MITTElmäßige
MITTElfeldspieler Alexander!
HilfsMITTEl und KräftigungsMITTEl
helfen Miriam beim Laufen.
Mit Alexander kann sie ein
MITTElunternehmen kaufen.

M

Moderator Heinrich

Und Moderator Heinrich ertappte sich
dabei, dass er mehrmals heimlich
auf die Wanduhr blickte. Heinrich
fixierte gedankenverloren einen
bestimmten Stundenstrich.
Sein Interviewgast erzählte vom Starkbieranstich,
während Heinrich den frischen Wandanstrich
betrachtete, der ganz furchtbar widerlich
stank. Er spürte einen Stich
im Magen und bereute bitterlich
den Verzehr vom vielen Meerrettich
in der Mittagspause. Ein Rotstich
im Kameralicht ließ alles unwirklich
erscheinen. Heinrich hörte sein
Gegenüber ‚Ja, sicherlich!'
sagen; zum x-ten Mal. Das Studiolicht verblich.

M

MODErator Maximilian

MODErator Maximilian sitzt unMODErn gekleidet
im MODEatelier; seine MODEratorenkollegin leidet
unterm MODEraten MODErgeruch seiner Schuhe.
Maximilian besitzt eine MODERnde Truhe,
in der sich MODElleisenbahn, MODElliermasse
und SchuhMODE befinden. Die blasse
MODEunternehmerin erscheint mit einem
FotoMODEl und MODEtorten!
Auf topMODErnen KomMODEn neben
den MODEratoren horten
sich MODEkataloge, MODEzeichnungen,
MODEllkleider und modische Hüte.
Die MODEnschau der MODEfirma ist erster Güte!
Die MODEratorin genießt eine
MODEberatung vom MODEexperten,
während Maximilian sich mit den ethischen Werten
der MODEmarken und MODEvertriebe
auseinandersetzt; ganz allgemein.
Exotische Tiere dürfen beispielsweise
keine MODEopfer sein!
MODEschöpfer und MODEblogger
diskutieren über einen MODEtrend.
Später MODEriert Maximilian über
MODEwörter und MODEmanagement.

M

Moderatorin Viola

Die frisch aus der Moderatorenschule
entlassene Viola
zupft nervös an ihrer blassblauen Stola,
als sie ihre allerersten Talkgäste empfängt.
Der Fußballstar mit den glasigen Augen hängt
eindeutig etwas zu entspannt und sehr schief
im Stuhl. Viola will ihre Stimme tief
klingen lassen und verhaspelt sich im Satz.
Der bekannte Frisör verlässt plötzlich seinen Platz
und murmelt etwas von einer vollen Blase.
Das Make-up verdeckt Violas blasse Nase
unzureichend. Der berühmte
Pianist unter den Gästen
puhlt selbstvergessen mit dem
Finger nach Essensresten
zwischen den übergroßen, ungepflegten
und schiefen Schneidezähnen.
Der Kameramann vor ihr unterdrückt ein Gähnen.
Ein Gesichtsmuskel beim
Fußballtrainer zuckt ständig,
während er weder interessant noch lebendig
spricht. Violas Magen knurrt recht laut,
als sie dem Trainer spontan Redezeit klaut
und sich stattdessen zur unbekannten
Kabarettistin neigt,
die witzige Kostproben aus ihren Programmen zeigt!

M

MORDdezernatsleiter Conrad

Conrad kann RaubMORDe und
einen GiftMORD aufklären,
während seine MORDslangweiligen Nachbarn
sich MORDswütend beschweren,
weil ein MORDsfideler Vogel ihr
MORDsauto bekleckert.
Conrad schreibt MORDsmäßig spannende
MORDgeschichten und meckert
mit MORDswut über die MORDskarriere
seines MORDskomischen Nachbarn. Eine schwere
Grippe beschert ihm SelbstMORDgedanken,
MORDgelüste und MORDsdurst.
Wegen seines MORDshungers bringt
die Nachbarin Weißwurst
bei MORDsfernsicht mit MORDsfreude vorbei!
Ihr Gatte veranstaltet ein MORDsgeschrei
und will sich MORDlustig MORDwaffen
für den geplanten GattinnenMORD verschaffen!

MOTORbauer Marwin

MOTORbauer Marwin liebt MOTORgeräusche,
MOTORkettensägen und MOTORheber
und als Kind hat er mit Kleber
MOTORdämmmatten unter MOTORhauben fixiert
und das MOTORradfahren trainiert.
Sein MOTORisiertes Laufband lässt er links liegen;
gerade ist er aufs MOTORbetriebene
Skateboard gestiegen und fährt an
MOTORrasenmähern, MOTORfräsen und
MOTORhacken in seiner MOTORwerkstatt
vorbei, um ErsatzMOTORen einzupacken.
Marwin litt unter MOTORischen
Entwicklungsstörungen. In Internetforen
diskutiert er über MOTORyachten, DieselMOTORen,
MOTORkraftstoffe, RotationskolbenMOTORen
und MOTORsport allgemein und fachsimpelt
mit MOTORfachfrau Mona über den
MOTORquerschnitt und den MOTORumbau.
Mona mailt Marwin ein Foto von MOTORzylindern
und eins vom MOTORmuseum und ihren Kindern,
die dort vor WindMOTORen und
SchiffsMOTORen stehen.
Dann lässt Mona sich im MOTORradkombi sehen;
in live! Monas Ohren hören jeden MOTORschaden.
Marwin schenkt ihr drei MOTORradreifen.
Gemeinsam baden sie ihre MOTORradstiefel in
MOTORöl neben MOTORdrehzahlsensoren
und MOTORabdeckungen; Marwin
hat sein Herz verloren!

MUSIKlehrer Ingo

MUSIKlehrer Ingo ist ausgebildeter
MUSIKtherapeut und MUSIKjournalist.
Bei MUSIKkonzerten, MUSIKberieselung
und MUSIKalischen Analysen vergisst
er vor lauter MUSIKbegeisterung das Essen!
Er liebt MUSIKwettbewerbe,
MUSIKbibliotheken und MUSIKmessen
und gründet mit einem BarMUSIKer
einen MUSIKverlag.
Er besucht MUSIKfestivals und
MUSIKgeschäfte in Prag,
wo eine hübsche StraßenMUSIKantin
hinter MUSIKzeitschriften musiziert.
Für die MUSIKalische Darbietung bittet sie ungeniert
um Geld. Sie verteilt Werbung für MUSIKunterricht,
als MUSIKjunkie Ingo vor ihren
MUSIKinstrumenten zusammenbricht.
Für den großen MUSIKabend in zwei Tagen
schreibt er MUSIKprogramme und vergisst
seinen Magen völlig. Die StraßenMUSIKantin
bittet nebenan im MUSIKcafe MUSIKer einer
MUSIKband um Hilfe. Mit Tee, LiveMUSIK
und MUSIK aus MUSIKanlagen erwacht
Ingo und lädt die StraßenMUSIKantin zur
MUSIKnacht ein! Er moderiert MUSIKquiz,
MUSIKrätsel und MUSIKkabarett!
Die StraßenMUSIKantin pfeift
BlasMUSIK in seinem Bett.

M

MÜLLlader Tristan

MÜLLlader Tristan tapeziert seine
Wände mit MÜLLkalendern.
Bunte MÜLLtonnen, MÜLLboxen und
MÜLLbeutel in MÜLLsackständern
bilden seine Wohnungseinrichtung.
MÜLLmann Tristan liebt MÜLLpressen
und fischt aus MÜLLcontainern und
VerpackungsMÜLL Essen,
das er im MÜLLwagen verspeist. Aus MÜLLsäcken
rettet er WohlstandsMÜLL und Kleidung mit Flecken,
wovon er einiges wiederverwertet.
In der MÜLLumladestation
pickt MÜLLwerker Tristan mit der MÜLLzange schon
frühmorgens Interessantes aus dem
SperrMÜLL. Im MÜLLschlucker
findet Tristan im WohlstandsMÜLL
einen funktionsfähigen Drucker!
Tristan lebt fast MÜLLfrei zwischen
MÜLLplätzen, MÜLLsortieranlagen
und dem MÜLLheizkraftwerk beim
MÜLLhäuschen. An Urlaubstagen
liest er MÜLLfibeln, besichtigt
MÜLLheizkraftwerke, die MÜLLdeponie
mit GiftMÜLL, PlastikMÜLL und
SonderMÜLL der Industrie!

N

NEBENerwerbslandwirt Nelson

NEBENerwerbslandwirt Nelson liebt
NEBENsächlichkeiten. Viel Freude bereiten
ihm NEBENbeschäftigungen für den
NEBENverdienst, NEBENamtliche Lehrtätigkeiten
und NEBENjobs. Bei einer NEBENrolle
als NEBENdarsteller
muss er NEBENbuhlern im NEBENraum im Keller
das Fürchten lehren! NEBEN einem
verlassenen NEBENgleis
im NEBENgebäude des NEBENbahnhofs wird er weiß
im Gesicht und sackt vorm NEBENkanal
zusammen, dessen Wasser, NEBENbei bemerkt, schal
riecht. Nelson liegt daNEBEN auf einer losen
NEBENeingangstür in nassen Hosen
und bekommt NEBENdiagnosen
zu hören. Ein NEBENnierenkarzinom und
NEBENkostenabrechnungen machen
ihm zu schaffen! – Seine NEBENmieter
NEBENan lachen,
als NEBENdarsteller Nelson ihnen
seinen NEBENerwerb erklärt.
Trotz NEBENgewerbe und NEBENausgaben
lebt Nelson unbeschwert.

N

NERVenarzt Norbert

NERVenarzt Norbert plagen ein NERVenzucken,
NERVenschmerzen und Probleme beim Schlucken
seit seiner NERVenaufreibenden
ZahnNERVbehandlung. Norbert
nimmt NERVentropfen,
NERVenvitamine, NERVenaufbaumittel
und trinkt NERVentee mit Hopfen,
bevor er NERVenleitstörungen bei
einer NERVösen, vollschlanken
Dame diagnostiziert und von dem
NERVenschwachen, NERVenkranken
geNERVten Dauerpatienten mit
NERVenrheuma und NERVentics bespuckt
wird. Ein OberkieferNERVenast
schmerzt und Norbert schluckt
NERVenmedikamente und ein NERVentonikum.
In zwei NERVenheilanstalten
hat sein NERViger NERVenpatient
schon Therapien erhalten.
NERVlich angespannt nennt Norbert
eine NERVenpatientin ‚NERVensäge'
und verlangt für NERVenraubende
NERVenuntersuchungen horrende Beträge.
Nach NERVenzusammenbrüchen lässt Norbert
sich NERVenpunktmassagen verschreiben;
außerdem muss er in der NERVenklinik bleiben!

N

NEUrologin Nina

NEUrologin Ninas nagelNEUer Computer
fordert eine NEUinstallation.
Die NEUnmalkluge NEUrodermitikerin
hat im NEUbaugebiet schon
ihre NEUrotischen NEUfundländer ausgeführt,
brandNEUe NEUverfilmungen angesehen,
NEUerscheinungen gelesen und NEUvertonungen
gehört. Patienten verdrehen
die Augen, weil Nina Hochglanzfotos
von NEUseeland,
NEUgeborenen und NEUtronenbomben
zeigt und eifrig Flaschenpfand
sammelt. An NEUmond bestellt Nina
NEUerdings NEUwagen,
was ihr Mann, der PNEUmologe, schlecht ertragen
kann. FabrikNEU, aber mit
allerNEUesten PNEUs, verkauft
Nina die NEUanschaffungen wieder;
ihr PNEUmologe schnauft
heftig durch, angesichts der NEUverschuldung!
Ninas NEUorganisationen,
NEUregelungen und NEUgestaltungen
in der Praxis verschonen
weder NEUe Patienten noch die NEU Angestellten.
Bei NEUorientierungen lässt Nina
niemals Widersprüche gelten!

N

NOTar GerNOT

NOTar GerNOT beäugt einige
GeldNOTen der NOTenbanken
am NOTebook und beNOTet
NOTwendigerweise den vollschlanken
NOTarzt mit guten BewertungsNOTen
im Internet. – ‚SchockschwereNOT',
murmelte GerNOT, als er ausgerechnet im Hundekot
NOTlandete. Er bekam AtemNOT
neben der NOTdurft!
Zufälligerweise kamen NOTfallsanitäter
im NOTarztwagen vorbei gekurvt
und halfen GerNOT aus seiner NOTlage. Sogar
seine NOTliege hat GerNOT beschmutzt; das war
ihm hochNOTpeinlich! In der NOTaufnahme
bekamen NOTdienstleiter
beim NOTbetrieb GerNOTs
NOTgroschen, was diese heiter
stimmte. Nach NOTdürftiger Versorgung
wurde GerNOT entlassen
und lief in NOTorischer ZeitNOT durch Gassen,
Straßen und VerkehrskNOTenpunkte heim.
– GerNOT verkNOTet Schnürsenkel
mit seinen kNOTigen Fingern und die Henkel
einer Tüte mit NOTfallmedikamenten.
Eine NOTarkammer
wirbt im Onlineauftritt für einen NOThammer.

O

ORDENsschwester Melusia

ORDENsschwester Melusia lebt im NORDEN
der kleinen ORDENsburg. Ganze HORDEN
ORDENsschwestern stimmen Lieder mit AkkORDEN
an; 50 ist sie gewORDEN,
am heutigen Tag! ORDENszeitschriften,
ORDENsketten und ORDENskleider schenken die
netten ORDENsleute ihr. Von zwei MORDEN
an ORDENsbrüdern in Norwegens FjORDEN
handelt Melusias nächstes Buchprojekt.
ORDENsregeln brechen ORDENsmänner
dort beim Segeln. Melusia recherchiert
ORDENtlich in ORDENsmuseen.
Dort und in ORDENsschulen entstehen
all ihre fantasievollen schriftstellerischen Ideen,
die sich ums ORDENsleben drehen.
Ihr ORDENsstern verliert ein Blatt.
Melusia hat die ORDENsgemeinschaft satt
und auch ORDENskirchen,
ORDENsschnallen, ORDENskreuze,
VerdienstORDEN und ORDENsverleihungen.
Komische Käuze tummeln sich auf
ORDENsobernkonferenzen! Melusias Blick weilt
auf den beiden ORDENskissen.
Den ORDENsaustritt peilt
sie an und über ORDENSritter mit RitterORDEN
will sie schreiben, die einen
ORDENsmarschall ermORDEN.

O

ORTspolizist Ottmar

ORTspolizist Ottmar spORTelt außerORTs
mit vier PolizeieskORTen
neben ORTsnahen, autobahnähnlichen
ORTsumgehungsstraßen zwischen zwei ORTen.
Seine Frau ORTrun bäckt mit TORTenbäckern TORTen,
während die Kinder ORTsungebundenen
RepORTern in KinderhORTen
vORTanzen und MORTadellabrote,
TORTellini und diverse EissORTen
verschlingen. Ottmar pflanzt neben
ORTsschildern, den PfORTen
der ORTspolizei und bei der ORTsstraße wORTlos
HORTensien mit ORTspolizistinnen.
ORTrun zieht ein Glückslos
mit Hauptgewinn neben dem
AbORT beim ORTsgericht!
In einem KurORT, bei vORTrefflichen
Speisen, bespricht
ORTrun wORTgewandt Zukunftspläne mit
einem ORTsfremden TORTenbäcker!
FORTan gehen Ottmar HORTkinder auf den Wecker,
aber eine ORTsgebundene ORThopädin
und eine SpORTtrainerin
geben seinem Leben im HeimatORT viel Sinn.

Ö

ÖLfeldbesitzer Göran

ÖLfeldbesitzer Göran zerkaut
ÖLgetränkte ÖLsardinen
im ÖLverschmierten Mund. Zwei ÖLminen
verkauft er ÖLscheichen, während er auf BadeÖLe,
KörperÖLe und SaunaÖLe blickt und dem GegrÖLe
seiner Papageien lauscht. ÖLgemälde
von ÖLförderpumpen, ÖLmühlen,
SÖLdnern und BÖLlerschützen hängen
hinter ÖLbaumholz-Stühlen,
auf welchen ÖLjacken, ÖLaktien
und ÖLfarben liegen.
Göran vernimmt ÖLgeruch und
träumt vom Versiegen
seiner ÖLquellen, von ÖLgötzen
und von ÖLkatastrophen.
Junge ÖLbaumgewächse wachsen in
ÖLfässern neben dem ÖLofen.
Göran plagt ein hÖLlisches Brennen im Magen
und ein VÖLlegefühl, während
ÖLpreise talwärts jagen.
Er denkt an ÖLvorkommen,
ErdÖLlagerstätten und ZÖLle
und wünscht konkurrierende ÖLbarone in die HÖLle.

P

PFLEGEheimleiter und GesundheitsPFLEGEhelfer Felix

PFLEGEheimleiter Felix verkauft billigstes
PFLEGEöl und PFLEGEcreme
teuer. Den GesundheitsPFLEGEhelfer hat
die PFLEGEbedürftige, unbequeme
TierPFLEGErin deswegen schon gerügt.
FußPFLEGE und NagelPFLEGE
erledigt der PFLEGEnde Anghörige, der die Wege
fegt und RasenPFLEGE, WäschePFLEGE
und BaumPFLEGE betreibt.
Für WagenPFLEGE und Einweisung
der PFLEGEschwestern bleibt
dem PFLEGEnden Angehörigen, der
PFLEGEwissenschaft studiert, sogar
noch Zeit! Ein PFLEGEberater
verschafft Felix wunderbar
günstige PFLEGEbetten aus der Konkursmasse
mehrerer PFLEGEimmobilien.
Die RaumPFLEGErin mit dem
PFLEGEkind aus Brasilien
wohnt gegen Kost und Logis im Speicher
des PFLEGEheims. Durch AktionärsPFLEGE
wird Felix reicher!

P

POLSTEReibesitzer Dominik

Dominik POLSTERt auf eigene Kosten
LuftPOLSTERumschläge, POLSTERauflagen,
LuftPOLSTERtaschen und Pfosten
mit SäulenschutzPOLSTERn, die
Werbeschriftzüge für seine POLSTERei
tragen. Mit POLSTERreiniger, POLSTERdüsen,
POLSTERkleber, POLSTERknöpfen, vielerlei
POLSTERpflanzen in Töpfen als Werbegeschenke,
POLSTERleder, aufgePOLSTERte
POLSTERkissen für POLSTERbänke
und POLSTERfüllstoffen düst
POLSTEReibesitzer Dominik
samt gePOLSTERter Schuheinlagen einen Tick
zu schnell zum Kunden. Mit
POLSTERverbänden erwacht
Dominik auf einem BettPOLSTER in finsterer Nacht;
im Krankenhaus neben POLSTERwatte,
KeilPOLSTERn und POLSTERstühlen.
Er kann seine Prothesen-
HaftPOLSTER deutlich fühlen!

P

PRIVATdetektiv Pascal

PRIVATdetektiv Pasal besitzt PRIVATbrauereien
und seine PRIVATinteressen
sind PRIVATvermögen, PRIVATbesitz,
PRIVATärztinnen und gutes Essen.
Seine PRIVATräume und PRIVATwagen
auf PRIVATgrundstücken pflegen
zwei vietnamesische PRIVATchaffeurinnen,
die auf seinen PRIVATwegen
und PRIVATstraßen Frühsport
treiben und morgens immer
in seiner PRIVATdetektei zu
PRIVATterminen ins PRIVATzimmer
verschwinden. Dann streiten in Pascals
PRIVATjet PRIVATdozentinnen
wegen PRIVATverkäufen mit PRIVATpatientinnen
und zwei Studentinnen
heftig! Pascals ergaunerte PRIVATpilotenlizenz
liegt im Cockpit. Seine lange Flugabstinenz
bewirkt, dass er sich unsicher
fühlt. Es ist ein herrlicher
Tag, als Pascal neben seiner PRIVATquelle abstürzt.
Seine PRIVATe Landebahn ist durch
PRIVATgegenstände verkürzt.

P

PUTEnzüchter Toni

PUTEnzüchter Toni kämpft mit ComPUTErviren,
der comPUTErgestützten Futterversorgung
und Steuerpapieren.
Der Vorstand einer ComPUTErfirma
für SchachcomPUTEr hasst
Tonis PUTEnställe und den Gestank der PUTEnmast.
Mitglieder vom ComPUTErclub verzichten
nach mehreren DisPUTEn
auf PUTEngeschnetzeltes und
PUTEnwurst von Tonis PUTEn.
Arbeiterinnen im ComPUTErladen
sagen, dass Tonis PUTEnschinken,
PUTEnkeulen und die PUTEnstreifen
im PUTEnsalat stinken.
Eine PUTE verletzt Toni mit ihrem PUTEnschnabel
und kurz danach stolpert er über ComPUTErkabel!
Im Krankenhaus hängt PUTEnhalter
Toni am ComPUTEr
und träumt von PUTEnhälsen
und gebratenem PUTEr.

P

PutzFRAU FRAUke

PutzFRAU FRAUke ist gleichzeitig KinderFRAU.
Über FRAUenbands weiß sie genau
Bescheid. FRAUenboxerinnen und
FRAUenfußballspielerinnen sind
ihre Idole. Schon als Kind
träumte sie von kleinen MeerjungFRAUen
und wollte FRAUenhelden nie vertrauen.
FRAUenhaarfarn gedeiht auf FRAUkes Fensterbank
und FRAUenmantelkrauttee steht im Küchenschrank.
Abends jobbt sie im FRAUenladen
und geht danach zum Baden
ins FRAUenbad. Eine ArztFRAU spricht
sie an, weil ihr das Gesicht
und FRAUkes FRAUliche Figur
besonders gut gefallen.
In FRAUenkleidern verlassen die
beiden die Schwimmhallen.
Für ein FRAUenmagazin sucht die
FRAUenarztgattin Modelle.
Am FRAUenparkplatz besiegelt
FRAUke dann die Stelle!

R

REINer und RAINer

SchREINer REINer heiratet die REINliche
REINigungsfachkraft REINhilde,
die zum REINigen stets nur milde
REINigungsmittel verwendet und
dabei gern den RefRAIN
eines bekannten Volksliedes pfeift. Den SchREIN
von Onkel REINhold REINigt sie öfter unter
der Woche, während REINer gesund und munter
mit seinem VeREINskameraden RAINer
zum TRAINingslauf aufbricht.
Im VeREINslokal stechen REINhilde
im kalten Neonlicht
die stark verunREINigten Fenster ins Auge.
Nach der FREINacht nimmt REINhilde milde Lauge
und putzt vergnügt die unREINen Fensterscheiben.
REINer und RAINer wollen eine
TRAINingsanalyse betreiben
und für den LaufveREIN VeREINstrikots bestellen.
Derweil notiert REINhilde ihre
REINigungstätigkeiten in Tabellen.

R
REINigungsfachkraft REINhilde

REINigungsfachkraft REINhilde singt
weder astREIN noch glockenREIN
ein Lied übers REINheitsgebot im
MännergesangsveREIN jahREIN
jahraus, während ihrer REINigungstätigkeiten
und wenn SchREINer
REINer ihr REINigungsmilch und
REINraumkleidung schenkt. Keiner
putzt so REIN und ist so REINlich
wie REINhilde! ButterREINfett portioniert
sie ebenso überkleinlich
wie KraftREINiger, REINstoffe und
Cremes gegen HautunREINheiten.
Ihre REINrassigen Dobermannwelpen,
REINzuchthefe und BadREINiger bereiten
ihr viel Freude. BesenREIN REINigt sie Hundezwinger
und im BürgerveREIN, wobei sie ihre Finger
obendREIN mit bodenverunREINigenden
Stoffen in Kontakt bringt.
REINhilde fühlt sich unREIN, REINigt und singt;
ob der Chemiecocktail in ihre Blutbahn REINkommt?
In allerREINster REINluft gREINt
REINigungsfachkraft REINhilde prompt!

R

REISEverkehrskauffrau Renate

Vorm Erreichen der REISEflughöhe auf ihrer FlugREISE
starrt REISEverkehrskauffrau Renate
auf die beiden GREISE
vor ihr. Ihre Gedanken kREISEn um REISEfieber
und REISEkrankheiten, weshalb
sie zu REISEzielen lieber
im REISEzug anREISEn mag. Beim
REISEblog-Preisausschreiben
hat sie die FernREISE gewonnen! REISEnde vertreiben
sich die REISEzeit mit REISEtagebüchern,
REISEpartnern, REISEjournalen
und REISEführern. Renate blickt auf einen kahlen
Hinterkopf und denkt an REISEchecklisten,
REISEmedizin, REISEtabletten,
REISEwetterversicherung, REISEimpfungen,
BierREISEn mit Brauereibesichtigungen
und Kohlekompretten.
Sie fühlt sich REISEuntauglich. Zwei
mitREISEnde REISEleiter
öffnen REISEtaschen und PREISElbeersaft
und die Flugbegleiter
verbieten Toilettenbesuche, während
Renate der REISEdurchfall quält!
Dann passierts, was REISEverkehrskauffrau
Renate niemandem erzählt.

R

RESTaurantfachmann Roman

RESTaurantfachmann Roman säubert
bei RESTaurantketten
gelegentlich auch RESTmülltonnen und Toiletten.
Seine letzten RESTlichen RESThaare sind so RESTlos
verschwunden wie sein RESTgeld. Roman hat groß
in WRESTling und einen
Schnäppchenmarkt für RESTposten
investiert; ihm sind nur RESTforderungen
und RESTkosten
davon geblieben. Roman stibitzt
TRESTerfleisch aus EssensRESTen
und klaut unauffällig einigen
RESTaurantküchenhilfen und RESTaurantgästen
Geld, bevor er die SchneeRESTe
vorm RESTaurationsbetrieb
beseitigt. In BukaREST hat ihn ein Meisterdieb
ausgebildet. Roman übersieht die
ÜberRESTe einer Bananenschale!
Der Sturz auf den Kopf hat fatale
Auswirkungen auf RESTaurantfachmann
Romans RESTzahnbestand, RESTverstand,
sein RESTlungenvolumen und seine linke Hand.

R

RINGer RINGo

RINGo verbRINGt vorm RINGkampf
wegen dRINGender Toilettengänge,
die sich im RINGertrikot in die Länge
ziehen, samt AugenRINGen und
geRINGelter Unterhose viel
Zeit abseits der RINGermatte. Während RINGos Ziel
mit DRINGlichkeitsstufe eins der Erfolg beim RINGen
darstellt, schaffen EindRINGlinge, fünf
GeRINGverdiener, das EindRINGen
in RINGos Wohnhaus am RINGkanal. Sie umRINGen
RINGos Terrarium mit der RINGelnatter.
Dann verschlingen
sie FleischwurstRINGe und gesalzene
HeRINGe. BerufsRINGer RINGo
denkt an seine beRINGten RINGeltauben, an Bingo-
Spiele mit sympathischen
SparRINGspartnerinnen und an BeißRINGe
und RINGelsöckchen für Babys,
während seine geRINGe
Gewinnchance dahinschmilzt. Todmüde
und mit gebrochenem RINGfinger
verbRINGt er die Nacht neben
einem AutobahnzubRINGer.
ZündkerzendichtRING und OhrRINGe sind arg defekt.
Die EindRINGlinge haben derweil Blut geleckt.

R

RIESENradbetreiber Achim

Achims RIESENschnauzer,
RIESENdoggen, zwei OstfRIESEN
und RIESENpudel beobachten die RIESEN
Lastkraftwagen mit den RIESENradteilen,
neben dem RIESENgroßen
RIESEN-Bärenklau. RIESENradbetreiber
Achims riesige, zerlöcherte Hosen
schlottern um seine Beine. Sein neuer FRIESENnerz
liegt beim RIESENtrampolin neben
RIESENhornissen. Sein Herz
hat, unter einem BaumRIESEN,
aufgehört zu schlagen.
Achim konnte die Diagnose
‚RIESENzelltumor' nicht ertragen!
Auch RIESENvögel, RIESENlibellen,
RIESENkrabbelspinnen, RIESENdisteln
und RIESENheuschrecken
können ihn nicht wieder zum Leben erwecken.
Seine RIESENhunde jagen vergnügt
einem RIESENluftballon hinterher.
Achims RIESEN-Yacht dümpelt abbezahlt im Meer.

R

ROCKmusikerin Ronja

Ronja springt im kunstledernen
GehROCK mit MiniROCK
drunter, mit AbtROCKentüchern, ROCKgitarre,
TaROCKkarten und Wanderstock
unerschROCKen auf die Bühne!
Zwei hässliche KotzbROCKen
bringen Ronjas ROCKballaden neben
TROCKeneismaschinen zum MitROCKen.
Ronja ROCKt für die dicken
Manager der TROCKenbaufirma, die mitnicken,
TROCKenbauprofile, TROCKenbauschleifer,
TROCKenlegungen und TROCKenbauwände
vergessen und ihre feuchten Hände
der ROCKmusikerin entgegenstrecken. Ronja
liebt BaROCKkirchen, BaROCKarchitektur,
ihren WickelROCK und BaROCKmusik
und benutzt nur
TROCKenshampoo. Sie ernährt sich
von getROCKneten Apfelringen
und bringt BaROCKflöten und
BaROCKviolinen zum Erklingen!
Ronja will einmal zu den ROCKlegenden zählen.
Gerade mag sie der defekte WäschetROCKner quälen.

R

RoLANDs Traum

Und in RoLANDs Traum hielt im UmLAND
die Natur wieder Einzug. An der Außenwand
des Hauses rankten Kletterpflanzen
und fruchtbares AckerLAND
von den LANDwirtschaftlichen
Nutzflächen des Ortes verschwand
einfach so unter Tonnen von Schwemmsand.
Nach monatelangem LANDregen
konnte man vom Jägerstand
aus LANDstraßen nur erahnen.
LANDarbeiter halfen kurzerhand
Adeligen auf ihren LANDsitzen, weil sie Anstand
besaßen. Die Natur befand sich außer Rand
und Band. Ein Ruck ging durchs LAND!
Viele legten die Mobiltelefone aus der Hand
und halfen zusammen, weil die Katastrophe verband.
Wie sprach Charles Darwin bei klarem Verstand?
‚ALLES hat auf Dauer KEINEN Bestand,
was GEGEN die Natur ist.' – Klug erkannt!

R

RUDERin Beate

RUDERin Beate verkauft RUDERpropeller,
RUDERbekleidung und RUDER
im Geschäft für RUDERbedarf
von ihrem HalbbRUDER.
RUDERnd sitzt sie von früh bis spät
seit ihrem RUDERunfall dort auf dem RUDERgerät,
testet RUDERhosen und RUDERschuhe
und singt RUDERlieder.
Ihr BRUDERherz und RUDERer wollen sie wieder
zur RUDERmannschaft auf der
RUDERregattastrecke bringen,
doch Beate gefallen RUDERergometer, das Singen
und das RUDERtraining auf RUDERzugmaschinen
besser! Ihr BRUDER presst Apfelsinen
für sie aus; Beate RUDERt niemals ohne
Saft! Ihre RUDERjacke, ein Modell namens ‚Zitrone',
RUDERweste und RUDERkissen
sind schweißdurchtränkt.
Ein dicker, reicher KegelbRUDER schenkt
ihr sein Herz und RUDERfähren und RUDERjollen,
auf denen sie um RUDERzubehör
nächtlich herumtollen!

RÜCKENtrainer Rudolph

RÜCKENtrainer Rudolphs neue
ZahnbRÜCKEN dRÜCKEN
unangenehm im Mund. Seine EchthaarpeRÜCKEN
verursachen dRÜCKENde
Kopfschmerzen und verRÜCKEN
öfter. RÜCKENpatienten kommen an KRÜCKEN.
Die Wand ziert ein KamelRÜCKEN.
Rudolph erzählt von seinen EindRÜCKEN
bei seiner eigenen RÜCKENoperation!
RÜCKENmatten
liegen unter RundRÜCKEN auf glatten
Böden im RÜCKENzentrum. Gegen RÜCKENprobleme
hat Rudolph RÜCKENkissen,
RÜCKENkratzer, RÜCKENcreme
und RÜCKENbürsten selbst kreiert. ‚Gegen
RÜCKENprobleme und
RÜCKENschmerzen hilft Bewegen',
lautet seine Devise. Einen hölzernen,
schwingenden PferdeRÜCKEN
mit RÜCKENlehnen hat Rudolph
ursprünglich zum überbRÜCKEN
von Wartezeiten konstruiert. Ein
Kunde mit RÜCKENschaden
bemerkt, dass sich auf dem
HolzRÜCKEN RÜCKENblockaden
lösen! RÜCKENgymnastik und RÜCKENübungen
gegen anhaltende RÜCKENbeschwerden
zeigt Rudolph neuerdings auf
RÜCKEN von Holzpferden!

S

SICHERheitsbeauftragte Sigrid

SICHERheitsbeauftragte Sigrid verunSICHERt
mit dem VerSICHERungsvertreter,
SICHERheitspolizisten, VerSICHERungsdetektiv
und SICHERheitsbeamten Peter
die Leute beim VerSICHERungskauf
und bei VerSICHERungsfragen.
Sie verkaufen SICHERheitswesten zu
HausratverSICHERungen und sagen
siegesSICHER, ‚ja SICHERlich', ‚mit SICHERheit',
und dass ganz SICHER jederzeit
VerSICHERungsschäden von der
VerSICHERung übernommen
werden. Frisch VerSICHERte
VerSICHERungskunden bekommen
SICHERheitshalber VerSICHERungsratgeber,
Werbebroschüren für SICHERheitsschuhe,
schussSICHERes SICHERheitsglas
und SICHERheitsschlösser samt
SICHERheitsschlüssel; Sigrids Bruder Klaas,
der Chef einer SICHERheitsfirma,
vertreibt diese Dinge!
Im ausbruchsSICHERen HochSICHERheitsgefängnis
sitzt Sigrids Schwester Inge.

S

SIEBdruckerin Sybille

Sybille macht Urlaub von SIEBdruckmaschinen
und SIEBdruckversand.
Mit SIEBlöffel und BrühSIEB in der Hand
besichtigt sie in SIEBenmeilenstiefeln
SIEBwaschanlagen, ErdSIEBe,
SchüttelSIEBe und SIEBträgermaschinen.
Sybilles große Liebe
gilt einem ehemaligen SIEBenkämpfer, der
AnalyseSIEBmaschinen, SIEBfilterpatronen
und kartonweise FlusenSIEBe besitzt.
SIEBzehn sirrende Drohnen
schweben zur Inspektion der Rotorblätter
an Windenergieanlagen
über SIEBanlagen und SIEBmaschinen.
Am SIEBenschläfertag tragen
Sybille und ihr SIEBenkämpfer SIEBgewebe,
gefüllte SIEBstempelkannen
und MehlSIEBe zum SIEBeneckigen
Sandkasten unter Weißtannen.
Vergnügt SIEBen sie Sand neben
SIEBenköpfigen Drachen
aus Plastik. Während die Drohnen
Geräusche machen,
versteckt der SIEBenkämpfer einen
EdelstahlSIEB von Sybille.
Gegen SIEBen Uhr abends herrscht idyllische Stille.

S

Sieben

Ein bekannter, penibler Kabarettist hat ganze sieben
Mal sein Programm geprobt, dann
komplett umgeschrieben
und dennoch ist ihm die Angst geblieben,
seinen ersten Auftritt damit gänzlich zu versieben.
Kurz vor einer Kochshow gelingt es Dieben,
einem Starkoch sieben von seinen
wertvollsten Edelstahlsieben
zu entwenden. Prompt reagiert das
Management übertrieben
und lässt den ganz großen Auftritt verschieben.
Sieben Weltmeere, Weise, Weltwunder
und Wolke sieben;
überall gibt's Menschen, welche die Sieben lieben!

S

SILBErminen-Besitzerin Carla

SILBErminen-Besitzerin Carla besitzt
SILBErbarren, SILBErlöffel, SILBErtaler
und Bilder von SILBErdisteln von dem Maler
mit dem SILBErblick, der WortSILBEn falsch ausspricht
und nur in SILBErfarbenen Schuhen im Licht
von QueckSILBErdampflampen
einsilbig unter einer SILBEreiche
neben den SILBErweiden malt. Die reiche
Carla entlohnt ihn mit SILBErschmelzware,
SILBErschmuck und SILBErunzen. Seine unklare
Aussprache findet sie erotisch!
Neben einem SILBErreiher
verspeisen beide SILBErzwiebeln
aus SILBErschalen am Weiher.
Sie trinken SILBErwasser und schnüffeln
SILBErgraue Buntlacke.
Plötzlich attackiert der Maler mit der Macke
Carla mit SILBErgabeln, FeinSILBErdraht
und zwei SILBErmessern!
Soll sie doch die eigene SILBEntrennung verbessern.

S

SITZ

Ehepaare streiten über diverse
Einrichtungsgegenstände auf ZweitwohnSITZen,
während Hungernde in Indien
etwas Reisbrei erhitzen
und Landarbeiter auf gefederten
TraktorenSITZen schwitzen
und den Hybridmais für Biogasanlagen spritzen.
Kinder sind auf AutorückSITZen in
geprüften KinderSITZen
untergebracht und knabbern an Fast-Food Pizzen.
Eine Gewitterfront naht mit Getöse und Blitzen,
die den Himmel überziehen. Passanten flitzen
durch belebte Innenstädte und
Straßenmaler fertigen Skizzen
von diesem Treiben. Eine Weile später blitzen
Sonnenstrahlen vom Himmel;
durch breite Betonritzen
versickert das Wasser. Im Wald spitzen
derweil die Rehmütter mit ihren Rehkitzen
die Ohren unter den beheizten HochSITZen
der Jäger, die sich oben mit Witzen
unterhalten. Das Rehjunge nuckelt
an Mutters Zitzen –
mittlerweile sind die Jäger voll wie Haubitzen.

S

SITZherstellerin Siglinde

SITZherstellerin Siglinde vertreibt mit ihrem
doppelSITZigen SITZrasenmäher
auf ihrem GrundbeSITZ unterm
JägerSITZ SITZende Eichelhäher
und braust zu ihren SITZzelten und SITZdecken,
wo zwischen SITZbezügen und
SITZpolstern die kecken
Katzen SITZen. Siglindes Ehemann Fritz
SITZt auf SITZkissen im LotusSITZ
zwischen SITZbällen, SITZwürfeln und SITZsäcken
und skizziert KinderSITZe und SITZecken.
Siglinde macht etwas SITZgymnastik
auf zwei SITZunterlagen
und überprüft die SITZneigungsverstellung,
wobei ihr Magen
knurrt. Fritz besichtigt SchleuderSITZe,
SITZungssäle und RennSITZe
im Internet, bestellt SITZcreme und liest Witze
von einem SITZvolleyballspieler über
AktienbeSITZer. Siglinde verstellt
SITZlehnen und SITZhöhe, als ihr Schäferhund bellt
und zwei Polizisten auf ihrem
LandSITZ näherkommen.
Fritz wird wegen SprengstoffbeSITZ und
DrogenbeSITZ festgenommen!

S

SKIlehrer Severin

SKIlehrer Severin liebt ExtremSKIfahren, SKIspringen
und SKIsprungschanzen. Seine
SKIkursteilnehmer singen
beim SKIfahren, im SKIlift und in SKIhütten.
SKItourengeher, SKIrennläufer und
SKIgäste von SKIhotels überschütten
Severin mit Lob über sein SKIlauf-Kabarett.
Mit SKIern und SKIstecken
präsentiert Severin SKIballett
auf dem Holzparkett der Bühnen! Essbares SKIwachs
und blaugefärbtes SKIwasser
verteilt Severins Bruder Max
während der Show in SKIstiefeln und SKIanzug,
wobei er zwischendurch einen SKIspringer im Flug
nachahmt. Auf imaginäre SKIgondeln warten
beide, bevor sie auf SKIabfahrten
mit SKIsäcken, SKIbrillen, SKIschuhtaschen
und Wortwitz starten!
Als SKIlangläufer spuren sie
SKIwanderwege im Garten
und randalieren als ESKImos und verwöhnte SKIstars
in Hightech-SKIjacken in SKIhallen und SKIbars!

S

SONNEnstudio-Inhaberin Sonja

Sonjas Gesicht ist stets SONNEnverbrannt
unterm SONNEnöl. Nicht sehr sprachgewandt
verkauft sie nebenbei HöhenSONNEn,
SONNEnblumenbrot, SONNEnbrillen, SONNEnliegen
und SONNEnschirme, die ihre
Kunden geliefert kriegen.
VerSONNEn strahlt Sonja unter Postern von
SONNEnuntergängen, die über SONNEnbänken
an SONNEngelben Wänden hängen.
Unter künstlichem SONNEnlicht
leitet Sonja für SONNENtanz
und SONNEngesang Kurse; mit
ihrem SONNEnschein Franz!
Vor SONNEnaufgang teilt die SONNEnverwöhnte
Sonja gerne mit dem SONNEngebräunten Franz
SONNEncreme und SONNEnblumenkerne.
Die SommerSONNEnwende verbringt
Sonja mit einem SONNEnanbeter
im SONNEncamping in
SONNEnhanglage. Er heißt Peter.
Hinter SONNEnjalousien unter einem
SONNEndach mit SONNEnkollektoren
hat Sonja vor HeizSONNEn Axel Treue geschworen.
Beim intensiven SONNEnbad verspeist
Sonja SONNEngereifte Früchte.
Franz bekommt einen SONNEnstich
und hört Gerüchte.

S

SPASSvogel und PASSkontrolleur Paul

Seit seiner ByPASS-Operation verprasst
PASSkontrolleur Paul sein Geld, verPASSt
PASSagierflugzeuge für Geschäftsreisen
und vergisst den ReisePASS
und PASSwörter. SPAßvogel Paul besprüht aus SPAß
ein PASSivhaus und ein SPAßbad mit leuchtblauen
Farben. Er PASSiert eine PASShöhe in PASSgenauen
Radschuhen. Mit AllergiePASS, PASSionsfrüchten,
SeniorenPASS und KomPASS
im Rucksack wird Paul am BrennerPASS nass
auf der PASSstraße, die bald unPASSierbar wegen
Schneefalls wird! UnPASSend
gekleidet und bei Regen
meistert er die PASSabfahrt. Per SMS sendet
seine Freundin ihm den LaufPASS! Daraufhin beendet
Paul am SPAßtelefon SPAßeshalber
sein SPAßiges Leben.
Wird seine Freundin, die SPAßbremse, ihm vergeben?

S

SPEISElokalbesitzerin Sabine

Wegen ranzigem SPEISEöl und SPEISEfett
liest Sabine SPEISEkarten im Bett
Korrektur. VorSPEISE und HauptSPEISE
im SPEISEwagen
der Eisenbahn und die QuarknachSPEISE plagen
ihren Magen. Sie besucht den SPEISEsaal
und die SPEISEkammer von ihrem SPEISElokal.
Beim Anblick von SPEISEsalz,
SPEISEeis, ihrer LeibSPEISE
und der giftgrünen SPEISEfarbe überkommt sie leise
Übelkeit. Sabines SPEISEröhre brennt
im zweiten SPEISEraum
und als sie himbeerfarbene GötterSPEISE
neben Milchschaum
erblickt, erbricht sie sich über die SPEISEauswahl
eines Stammgastes; über SPEISEn, die sie empfahl!

S

SPITZensportlerin Silke

Silke besitzt SPITZmäuse und einen Deutschen SPITZ
names ‚SPITZel', der Purzelbäume
beim Kommando ‚Sitz'
schlägt, SPITZwegerichtee schlabbert
und liebend gern SpeerSPITZen
und SPITZhacken aportiert. SPITZenköche
kommen ins Schwitzen,
wenn SPITZenläuferin Silke SpargelSPITZen
und SPITZkohlauflauf bestellt
und SPITZel vor SPITZenweinen sitzt und bellt,
bis er SPITZmorcheln und gedämpfte
SPITZpaprikaschoten kriegt.
Auf FußSPITZen in SPITZenunterwäsche
und SPITZenkleidern besiegt
Silke eine sechsköpfige SPITZengruppe
für ein Werbefoto!
Sie kauft SPITZenspringpferde
und den WolfsSPITZ ‚Toto',
der stundenlang mit der ZungenSPITZe
die NasenSPITZe
säubert. Toto liebt MesserSPITZen,
SPITZenmanager und Lakritze.

SPORTjournalist Simon

SPORTjournalist Simon kennt unSPORTliche
SPORTfunktionäre, die SPORTwarengeschäfte,
TranSPORTunternehmen und schwere
SPORTwagen besitzen und offenbar
selten DenkSPORT betreiben.
SpitzenSPORTler und SPORTinvaliden
lassen Simon Bücher schreiben
über ihr SPORTlerleben. Simon
schreibt für SPORTjournale
und SPORTbeilagen; seine Kolumnen
über verstaubte SPORTpokale
auf SPORTgalas, verwechselte SPORTtaschen
und miefende SPORTsocken,
die weder ExtremSPORTler noch
nikotinsüchtige SchachSPORTler schocken,
finden großen Anklang! Er interviewt
SPORTbegeisterte SPORTfliegerinnen,
SPORTtreibende SPORTärztinnen,
SPORTbetrüger, SPORTlehrerinnen,
SPORTartikelhersteller und Siegerinnen
vor SPORTfotografen bei SPORTveranstaltungen.
Eine ReitSPORTlerin fällt
vor Simon vom SPORTpferd und er schnellt
SPORTlich in SPORTschuhen übers
Tribünengeländer und fängt
das Tier auf dem ReitSPORTgelände. Dafür schenkt
die SPORTlerin Simon SPORTlermüsli
und einen Reithelm.
Später gewinnt er ihr SPORTlerherz, der Schelm!

S

STABhochspringer Julius

STABhochspringer Julius kann auf
STABparkett STABhochsprung trainieren
und dabei das lettische BuchSTABieralphabet
rückwärts buchSTABieren.
Bei der StaffelSTABübergabe
übergibt er den StaffelSTAB
wegen seiner starken STABsichtigkeit in müdem Trab
dem Falschen! Er repariert STABmixer,
STABtaschenlampen, STABwalzen,
inSTABile STABzäune und einen
HeizSTAB. Beim Salzen
seiner STABtomaten auf STABverleimten Platten
denkt er zerstreut an STABzaunmatten.
STABhochspringer Julius beschließt, den
STABilen STABhochsprungSTAB gegen
einen PilgerSTAB zu tauschen und bei Regen
marschiert er samt PürierSTAB und LockenSTAB los.
Vor einer STABkirche ist seine Geldnot groß.
Er zaubert mit einem ZauberSTAB und STABpuppen
und begeistert STABsoffiziere, STABsärzte,
STABschefs und Wandergruppen!
So zieht Julius mit dem WanderSTAB umher.
Sein Klingelbeutel am HolzSTAB ist nie leer!

S

STADTinspektor Stefan

STADTinspektor Stefan spielt
lauthals STADT, Land, Fluss,
wobei ihn bei der AltSTADTführung der STADTbus
fast überfährt. Vorm STADTmuseum
finden ein STADTrat
und zwei STADTdetektive den
STADTführer ebenfalls fad.
Am STADTbrunnen diskutieren
STADTführungsteilnehmer über die Schreibweise
einer LagunenSTADT. Ein STADTvater
stirbt derweil leise
im STADTkrankenhaus; er hat sich beim STADTlauf
übernommen! Am AltSTADTring erhält
STADTinspektor Stefan auf
seinem Handy die Nachricht vom
verstorbenen STADTvater!
Stefan mochte ihn und seinen stattlichen Siamkater
sehr. Er nimmt die STADTbahn zum STADThaus
und holt den Kater namens
‚HauptSTADTkorrespondent Stanislaus'
des STADTvaters aus der STADTwohnung
am STADTgarten.
Zum STADTfriedhof beim STADTmarkt
der MillionenSTADT starten
Stefan und Stanislaus gemeinsam und im STADTcafe
am STADTwald schlürfen beide Milch und Tee!

S

STAHLbauingenieur Severin

STAHLbauingenieur Severin trägt
STAHLuhren, STAHLringe
und ein Taschenmesser mit STAHLklinge
am Körper. In STAHLkappenschuhen
befestigt er STAHLblechteile
in seinem STAHLwandpool. Er zieht
STAHLgraue STAHLseile
drumherum und glättet STAHLleitern,
STAHLrohre und STAHLmatten
täglich liebevoll mit STAHLfeilen. Er
verlegt STAHLankerplatten
aus FeinSTAHL hinterm STAHLzaun
bei STAHLblauem Himmel.
STAHLarbeiter lieben STAHLbauingenieur
Severin samt seinem Fimmel
und legen STAHLdübel, STAHLtöpfe,
STAHLhelme und STAHLgießpfannen
vor Severins STAHLcontainer unterm
STAHLdach. EdelSTAHL-Gießkannen,
STAHLfelgen, STAHLinnentreppen, STAHLmöbel,
STAHLtüren und sonstige STAHLoberflächen
bearbeitet er mit STAHLbürsten.
Vorm STAHLwerk sprechen
Fachleute täglich über STAHLpreise,
STAHLaktien, STAHLquellen, STAHLarten
und über verrückte STAHLkonstruktionen
in Severins Garten!

S

STAHLkocher Steven

STAHLkocher Steven stürzt vom
STAHLgrauen STAHLgerüst!
Eine STAHLarbeiterin mit STAHLblauen Augen küsst
ihn wach. Zwei STAHLnägel stecken
in seiner Hand am STAHLwandbecken.
Steven liegt auf STAHLstangen auf einem STAHLgitter
hinter STAHLtonnen. Er hört eine
STAHLbauschlosserin bitter
weinen. Eine STAHLformenbauerin schnürt
ihre STAHLfarbenen STAHLkappenschuhe.
Steven erblickt STAHLwolle und
eine merkwürdige Ruhe
breitet sich in ihm aus. STAHLrohre, STAHLseilwinden,
die STAHLtreppe, STAHLbleche, STAHLcontainer
und STAHLtüren verschwinden
aus seinem Blickfeld. STAHLträger
und STAHLstäbe ragen
aus Stevens Bauch und lebenswichtige
Organe versagen.

S

STANDesbeamter Stanislaus

Der STANDesbeamte Stanislaus
bekommt vom VorSTAND
des Bundesverbandes für
STANDesbeamte freie Hand
für die Gestaltung seines Büros im STANDesamt.
Vor STANDcomputern, STANDleitern und
STANDmikrofonen stehen insgesamt
fünf STANDventilatoren, STANDmixer,
STANDregale und ein STANDfahrrad.
Mit SachverSTAND führt Stanislaus
KopfSTAND, HandSTAND, Spagat,
STANDwaage und Purzelbäume vor. Trotz
KniescheibenhochSTANDs bringt
er einen weiten STANDweitsprung
zuSTANDe; dadurch gelingt
es Stanislaus, alle Anwesenden in
ausgelassenen ZuSTAND
zu versetzen! Als STANDbild in seltsamem Gewand
posiert er vor frisch Vermählten im Windhauch
der STANDventilatoren. Auf dem
STANDfahrrad sitzen auch
Trauzeugen und so bekommen
Fotografen beileibe keine
STANDardbilder! Oft kredenzt Stanislaus
vorm STANDheizstrahler Weine.

S

STAUBsaugervertreter Peter

STAUBsaugervertreter Peter liebt das STAUBsaugen,
STAUBdichte Handys, STAUBzucker und Putzlaugen.
Mit STAUBmopps, STAUBwedeln und STAUBtüchern
wedelt er zwischen STAUBbedeckten Büchern,
STAUBigen Vitrinen und STAUBmilben
in verSTAUBten Wohnungen
herum. Er zeigt Bilder von
ZahntechnikermischSTAUB, STAUBlungen,
referiert über STAUBgrenzwerte,
STAUBschutzhüllen für Drucker, FeinSTAUB,
STAUBpartikel und STAUBmasken und stellt sich taub
für Gegenargumente. Er kennt Schweißer
mit SchweißerSTAUBlungen
und einen Bäcker mit MehlSTAUBallergie,
die notgedrungen
den Beruf wechseln mussten!
Peter erklärt STAUBarten,
STAUBpilze und STAUBfilter, während er mit zarten
STAUBpinseln STAUBfreie STAUBsaugerbeutel
bemalt; mit zähnefletschenden STAUBläusen,
tanzenden STAUBwanzen in MehlSTAUBwolken
und STAUBgrauen Mäusen!

STEINmetz Steffen

STEINmetz Steffen hat NierenSTEINe, ZahnSTEIN,
STEINkreissägen und STEINschleifmaschinen
und kein Geld für die ZahnSTEINentfernung.
STEINvögel aus Edelstahl
mit Bäuchen aus NaturSTEIN wirken genauso kahl
wie die übergroßen STEINplatten
in seinem STEINvorgarten.
Steffen denkt an EinSTEIN, FeuerSTEIN,
verschiedene STEINarten
und Loriots STEINläuse, während er
STEINpilzrisotto isst und die STEINbuttfilets
auf dem STEINgrill vergisst.
Dann säubert Steffen STEINtreppen,
NaturSTEINarbeiten, STEINfliesen, PflasterSTEINe
und STEINumrandungen mit STEINreiniger, wobei
er Weine testet. Er löffelt entSTEINtes STEINobst aus
Dosen neben der STEINmauer, wobei er den großen
STEIN einer STEINfrucht auf dem
Dosenboden übersieht.
Hoch über Steffens STEINurnen und
STEINgartenpflanzen zieht
ein STEINadler Kreise, während
Steffen wie verSTEINert
dasitzt. Zwei Zähne hat's mitsamt
ZahnSTEIN zerkleinert!
Während STEINmarder zwischen STEINnelken
und NaturwerkSTEINen umherstreichen,
weint Steffen neben unbearbeiteten
GrabSTEINen zum STEINerweichen!

S

STEUERfahnderin Uschi

STEUERfahnderin Uschi sammelt STEUERknüppel
von abgestürzten Flugzeugen
und SchiffsSTEUERräder, die STEUERfachangestellte
und STEUERberater beäugen
dürfen in Uschis ‚Villa STEUERbord'.
STEUERtabellen verzieren
die Wände und unter STEUERvordrucken
und STEUERpapieren
liegen Uschis STEUERgeräte fürs Gartentor
und die STEUERung vom Chlor
fürs Whirlpool. Uschi referiert über
STEUERchecklisten, STEUERarten
und STEUERdaten vor STEUERzahlern
im überdachten Garten.
Dann reißt die STEUERkette in Uschis Motor
und der von ihr angeSTEUERte Parkplatz vor
der großen Tankstelle beim
STEUERamt ist überlaufen.
Mit STEUERsündern besucht Uschi
STEUERoasen zum Durchschnaufen!

S

STOCKschützin Dörte

STOCKschützin Dörte gibt ihre kleinen Renten
für STOCKrosen, das Futter von STOCKenten
und Fahrten im DoppelSTOCKbus
aus. In STOCKsporthallen
zeigt sie ohne STOCKschirm und KrückSTOCK allen
STOCKschützen, wo der Hammer
hängt! Im DoppelSTOCKwagen
der Bahn ist sie STOCKsauer. Dort schlagen
STOCKbetrunkene Jugendliche zwei Polizisten
mit STOCKgriffen krankenhausreif!
Es ist STOCKstill, als Dörte sich STOCKsteif
aufrichtet, STOCKhiebe verteilt und
mit ihren STOCKzähnen
kräftig zubeißt. Sie ist herzhaft am Gähnen,
als die STOCKvollen Jugendlichen flüchten. Sie futtert
STOCKwurst zu STOCKbrot, das sie ordentlich buttert.

STOFFfabrikant Steffen

STOFFfabrikant Steffen hat STOFFmalfarben,
STOFFunternehmen,
STOFFmuster, STOFFpuppen und
einen unangenehmen
Körpergeruch. STOFFel Steffen spricht
wenig, benutzt STOFFtaschentücher
und lässt in seinen STOFFwebereien
selbstverfasste Bücher
über STOFFe in STOFFumschlägen
verteilen; als Leihgaben!
Seine vielen STOFFverkäufer tragen
STOFFarmbänder und haben
sich daran gewöhnt, dass Steffen
WissensSTOFF abfragt
und geflickte, zerschlissene
STOFFjacken zu tragen wagt.
Steffen hat AllergieSTOFFe und
VierfachimpfSTOFF nicht vertragen;
Allergien auf AzofarbSTOFF, STOFFkleber
und KonservierungsSTOFFe plagen
ihn auch. Mit STOFFbeuteln, aus denen STOFFhasen
schauen, begibt Steffen sich in schlechten Phasen
auf mehrtägige STOFFwechselkuren. Dort
verSTOFFwechseln leidende Personen
BallastSTOFFe, ZuckeraustauschSTOFFe,
AromaSTOFFe und BitterSTOFFe und belohnen
sich danach mit SauerSTOFF aus
SauerSTOFFflaschen.
Steffen sammelt SüßSTOFF in seinen STOFFtaschen.

STRAHLentherapeut Stephan

STRAHLentherapeut Stephan
errechnet BeSTRAHLungspläne,
besitzt STRAHLend weiße Zähne
und während bei STRAHLarbeiten mit
SandSTRAHLern geSTRAHLt
wird – am noblen Gebäude der
STRAHLenklinik – malt
Stephan STRAHLentherapiegeräte mit modernster
BeSTRAHLungstechnik und LaserSTRAHLen
vor STRAHLenärzten auf Tafeln. Mit einem schmalen
Lächeln greift er zum summenden,
STRAHLungsarmen Telefon.
Er referiert über STRAHLenschädigungen
in lockerem Ton und ist sich seiner
gewinnenden AusSTRAHLung vollauf
bewusst. LichtSTRAHLer und
STRAHLheizkörper scheinen im Verlauf
der hitzigen Diskussion an
STRAHLungsintensivität zu gewinnen!
Ein STRAHLenpatient spürt bei der
STRAHLenbehandlung Spinnen
auf der verSTRAHLten Haut.
STRAHLentherapeut Stephan mag
keine ErdSTRAHLen und scheut
SonnenSTRAHLen bei Tag.
Er meidet RöntgenSTRAHLen, MagnetSTRAHLen
und STRAHLenbelastete Lebensmittel.
Bei STRAHLentherapien trägt Stephan
weiße, STRAHLensichere Kittel.

S
STRANDbadbesitzer Uwe

Uwe vermietet STRANDschirme, STRANDkörbe,
STRANDliegen und STRANDmuscheln
mit Schutz vor ultravioletten Strahlen zum Kuscheln.
Alte STRANDtücher, STRANDmatten und
kaputte STRANDartikel sammelt
Uwe am PrivatSTRAND zusammen.
Hinter STRANDbars vergammelt
STRANDflieder, STRANDzubehör und
geSTRANDetes STRANDgut.
STRANDtester und STRANDbadbesitzer Uwe tut
entrüstet und entsorgt seinen
STRANDmüll am KiesSTRAND
neben STRANDdisteln und STRANDmuscheln
hinter der Sichtschutzwand
einer verlassenen STRANDvilla.
STRANDaufseher und die STRANDpolizei
mit STRANDfrisuren in STRANDschuhen
ertappen ihn dabei.
Uwe stiftet Gutscheine für
STRANDurlaub im STRANDhotel
‚STRANDwolf' und alle vergessen den Vorfall schnell!

S

STRASSEnkehrer Xaver

STRASSEnkehrer Xaver begutachtet
STRASSEnlöcher vor der STRASSEnmeisterei
im STRASSEnoberbau der
VorfahrtsSTRASSE, wobei ihm zwei
durchlöcherte Zähne schmerzen.
Von der STRASSEnteerdecke
fehlt am STRASSEndeckel eine ganze Ecke.
Xaver schiebt mit der STRASSEnkehrmaschine
STRASSEndreck vor die ‚Frühstückspension Sabine‘,
bevor er neben der STRASSEnköterblonden
STRASSEnanwohnerin uriniert.
Beim STRASSEnkanal am STRASSEncafe
‚Zur MilchSTRASSE‘ pressiert
es ihm oft! AmeisenSTRASSEn unterm
unleserlichen STRASSEnschild
vor gesperrten STRASSEnbrücken gehören
zum gewohnten STRASSEnbild.
STRASSEnmusiker und STRASSEnmaler benutzen
STRASSEnmalkreide am STRASSEnrand,
daneben husten STRASSEnwärter beim
STRASSEnrückbau; mit Sand
und STRASSEndreck in den Gesichtern und Haaren.
STRASSEnpolizisten warnen STRASSEnrapper
in STRASSEnkreuzern vor Verkehrsgefahren!

S

STREICHmusiker Alois

Mit verschiedenen STREICHwerkzeugen
STREICHt STREICHmusiker Alois Außenwände
und die LandSTREICHerin, die auf dem Gelände
gegenüber im STREICHelzoo einige
STREICHeltiere versorgt, zeigt
ihm STREICHtechniken! Alois schenkt
ihr STREICHwurstbrote, verneigt
sich vor ihr und zeigt ihr wiederum
seine vielen STREICHholzschachteln,
STREICHinstrumente und STREICHanzüge. Stumm
STREICHelt sie die Gegenstände. Ihre
StellenSTREICHung macht
ihr Kummer! AnSTREICHer Alois STREICHt ihr sacht
mit STREICHrollen übers Haar
und versucht, geiSTREICH
zu sein. Die STREICHzarte Butter wird weich,
als Alois der LandSTREICHerin
STREICHhölzer und STREICHfett
überreicht. Sie landen zwischen
STREICHkissen im Bett.

S

SÜSSwarenfabrikantin Betty

Bettys Onkel züchten alle SÜSSwasserfische,
sind SÜSSwarenfabrikanten
und liefern ganzjährig SÜSSwaren
an die Verwandten.
Im Gegenzug erhalten sie SÜSSkartoffeln,
SÜSSmolkenpulver, SÜSSrahmbutter,
zuckerSÜSSen SÜSSholztee und vom
Futtermittelhersteller zentnerweise Fischfutter.
Betty futtert zu allen Tageszeiten
polynesisches SÜSSbrot, SÜSSäpfel,
zuckerSÜSSe SÜSSigkeiten
und SÜSSkartoffelsuppe. Gemeinsam mit
SÜSSlich riechendem Mundgeruch
kommt auf der SÜSSwarenmesse
manch lustiger Spruch
über ihre Lippen. Ihre Vorträge über schnelle
SÜSSspeisen im Thermomix und
SÜSSgräser lösen helle
Begeisterung aus! SÜSSwarenfabrikantin
Betty verkostet gerade halbSÜSSe
Schokolade, als ein SÜSSwarenhersteller
über ihre Füße
stolpert. Das Erlebnis verSÜSSt Betty das Leben;
diesem SÜSSen Typen will sie SÜSSkraut mitgeben!

T

TIEFbaufacharbeiterin Tamara

Tamara telefoniert im TIEFlöffelbagger
mit dem STIEFsohn,
der ihr iPhone-Fotos vom TIEFroten Mohn
und TIEFwurzelnden Bäumen im
TIEFnebel unter TIEFblauem
Himmel mit exzellenter TIEFenschärfe
sendet. Wegen grauem
Star und TIEFer Venenthrombose
ist Tamara TIEFbetrübt.
Das TIEFseetauchen und das TIEFlader-Fahren übt
sie seit der Diagnose nicht mehr. TIEFrot
quillt Blut aus ihren TIEFen Schürfwunden. Kot
von TIEFbauarbeitern liegt unter
KNIEtiefem Schlamm begraben.
Ein SturmTIEF naht und TIEFfliegende,
TIEFschwarze Raben
krächzen hinter dem halbfertigen
TIEFgaragenneubau vom TIEFbauamt.
Tamara reinigt ihren Lederstiefel
TIEFwirkend und rammt
versehentlich eine TIEFbrunnenpumpe.
Sie hasst sich abgrundTIEF,
während sie TIEFenatmung übt. Alles läuft schief!

T

TIERwirt Till

Früher besaß TIERwirt Till NutzTIERE,
TIERfutter, einige ReitTIERe und STIERe.
Dann hat Till TIERfleisch fileTIERt
und sich den Daumen ampuTIERt.
Till verkauft TIERhof samt TIERen
und sTIERt während dem DahinvegeTIERen
vor sich hin. TIERaktivisten bieten
ausrangierten ZirkusTIERen
in Tills ehemaligen TIERställen
QuarTIER und gasTIERen
in seiner neu eröffneten TIERpension mit TIERladen.
Till hilft TIERversuchsgegnern beim
Anlegen von TIERlehrpfaden.
Er sieht TIERbeobachter und TIERfilmer
experimenTIERen. TIERliebhaber
geben TIERbabys TIERnamen und
quarTIERen lamenTIERende Traber
ein. Till arbeitet mit den protesTIERenden ZugTIERen;
er darf mit TIERtrainern die TIERe trainieren
und gemeinsam mit TIERpsychologen
TIERgestützte Therapien ausprobieren.
Und Till entwickelt TIERische Freude am ExisTIERen!

T

TIM und ANNE

Fotograf TIM fotografiert das
vollschlanke MANNEquin ANNE
mit MilchkANNEn vor ZinkwANNEn
unter einer WeißtANNE
für Werbezwecke. Beide entspANNEn
nach gewissen ZeitspANNEn
vom Job und verkehren inTIM. Sie verbANNEn
sämtliche störende Gedanken und
erleben spANNEnde Zeiten;
wobei TIM seine depressiven VersTIMmungen
Schwierigkeiten bereiten.
TIM passieren öfter PANNEn. Während
ANNE PfANNEngemüse
serviert, denkt er seltsamerweise an FaTIMas Füße.
Eines Tages schleicht er sich von dANNEn.
Er träumt bei STIMmungskanone
FaTIMa von BratpfANNEn.

T

TISCHlerin Traudl

Nach der Diagnose ihrer
fibrozysTISCHen Mastopathie
und nach der drasTISCHen
zytostaTISCHen Chemotherapie
bestellt Tanja täglich opTISCH ansprechende
TISCHleuchten, KlappTISCHe,
eroTISCHe und romanTISCHe Liebesromane,
antisepTISCHe Salben, Zierfische,
TISCHräucheröfen, TISCHbohrmaschinen,
poliTISCHe Magazine, TISCHmatten,
völlig idenTISCHe DrehTISCHe
und TISCHtennisplatten.
PrakTISCH sofort nach dem Erscheinen
der Lieferungen wirft Tanja einen
kurzen, hekTISCHen Blick darauf,
bevor sie den Kauf
wieder zurücksendet. Ihre Katze
namens ‚TISCHzwinge'
liebt Tanja abgötTISCH! Mithilfe einer Rasierklinge
beendet Tanja ihr Leben nach
epilepTISCHen Anfällen.
‚TISCHzwinge' spielt unterm quadraTISCHen
EssTISCH mit TISCHtennisbällen.

T

TISCHler Tillmann

TISCHler Tillmann TISCHlert prakTISCHe,
quadraTISCHe, große
TISCHe und TISCHt sich eine Dose
TISCHfertige Ravioli mit TISCHwein
auf. Tillmann schaut
pessimisTISCH in die Zukunft. Ein Möbelriese baut
giganTISCH große Lagerhallen
prakTISCH vor seinen Augen.
Die billigen AbstellTISCHe, BeistellTISCHe
und KüchenTISCHe taugen
nicht viel! Tillmann bastelt TISCHsets,
TISCHkarten, SchminkTISCHe
und TISCHleuchten. Als
TISCHdekoration legt er frische
TISCHservietten auf die EssTISCHe.
Tillmann poliert TISCHflächen.
Er kann bekannten TISCHdamen und
TISCHherren versprechen,
fantasTISCHe, poeTISCHe TISCHreden
zu entwerfen und vorzutragen.
Tillmann muss zwischen TISCHgesellschaften
und TISCHgruppen umherjagen!

T

TONtechniker AnTON

TONtechniker AnTON liebt architekTONische
Meisterwerke aus StahlbeTON,
TONfiguren aus TöpferTON und
TONnenschwere Baumaschinen. Schon
frühmorgens hört er jeden MissTON in verTONten
Märchen, wenn er unter
TONdachziegeln den gewohnten
Weg zur MüllTONne neben der RegenTONne geht.
Gegen seinen monoTONen DauerTON im Ohr dreht
AnTON den TON im Kopfhörer sehr laut,
bevor er BadminTON, SkeleTON und
BreTONische Zugpferde anschaut,
auf seinem übergroßen Plasmafernsehbildschirm.
AnTONs Nachbarn beTONieren
den Vorgarten. AnTON will das
TONtaubenschießen ausprobieren,
aber spannende TONfilme in
bester TONqualität halten
ihn davon ab. Schließlich will er abschalten
am Wochenende, vom stressigen
Arbeitsalltag im TONstudio!
AnTON arrangiert TONvasen und geht aufs Klo.

TopMANager MANfred

TopMANager MANfred sagt stets ‚MAN',
wenn MAN ‚ich' sagen kann.
‚Ja, sicherlich', ganz ohne Sinn,
sagt er gern am Satzbeginn.
Während MANnschaftssitzungen
der MANagement-Riege
geht's MANcherorts um MANifeste Kriege.
MANfred sitzt neben dem MANnstollen MANnweib
MANuela und denkt mit Leib
und Seele an ihre MANnsdicken
Oberschenkel unter der schicken
Hose und an seine MANnbarkeit.
Während TopMANager HerrMANn
Wachstum prophezeit,
denkt MANfred an seinen DoberMANn,
MANgoldgemüse und seine MANdoline. Dann
wird er vom Schlaf überMANnt.
MANnequins blicken ihn wie gebannt
an, im Traum! Zwei SchaMANen
heilen seine MANdelentzündung und ahnen
voraus, dass er den KiliMANdscharo
mit MANuela erklimmt! Sehr roh
weckt ihn sein NebenMANn. MANchmal
werden MANche MANnschaftssitzung zur Qual.
MANfred kramt in seiner MANteltasche
nach MANdarinensaft in der Glasflasche.

T

Topmanager MARTin

Topmanager MARTin kämpft
liebend gern mit hARTen
Bandagen und so verkauft er einige SpARTen
seiner Firma mit Gewinn. Von einer smARTen
Kartenlegerin bekommt er Tee mit einem zARTen
Bittermandelaroma und eine liebevolle
Lebensberatung. Viele KARTen
stehen prächtig! Er fliegt mit seiner apARTen
Freundin auf eine Insel. Bei einigen Bergfahrten
auf verschiedene Ausflugsberge
bekommen sie seltene PflanzenARTen
erklärt. MARTin plant spontan
einen edlen ZiergARTen
für sein prunkvolles Zuhause. Doch wider ErwARTen
werden seinem Flugzeug beim Rückflug
vernebelte BergschARTen
zum Verhängnis. Ganz kurz nach dem StARTen
dachte MARTin an die zwei schlechten TarotkARTen!

T

TORhüter VikTOR

TORhüter VikTOR TORkelt im FußballTOR.
TORtenfüllungen und TORtenböden wurden vor
Stunden in TORtenbäcker TORbens TORtenbackstube
mit MoTORöl beträufelt. VikTORs Magengrube
TORpedieren TORjäger und
Schmerzen; TORtenbrocken,
TORtillas und gefüllte TORtellinis rocken
wüst hinterm Thorax. AuTORitätspersonen,
wie LekTORen, AuTORen,
InspekTORen, InvesTORen und
PasTORen sehen dem TORen
mit der schlechten MoTORik
zwischen den TORpfosten
zu! TORnadoflieger überfliegen
das TORfwerk im Osten
des Fußballstadions und zwei TrakTORen röhren laut,
als ein LattenTOR den TORwart einfach umhaut.
Die TORjagd wird unterbrochen
und ModeraTORen laufen
zum TORmann. Die DokTORen um VikTOR schnaufen
erleichtert, als VikTOR TORtenreste
der HochzeitsTORte erbricht.
Der TORsteher und noTORische
Kunstliebhaber ist nicht
gesTORben; aber TORten meidet er seitdem strikt.
Die TORtenmacher vertuschen ihr
Missgeschick sehr geschickt!

T

TOTengräberin Tabea

Mit anderen TOTengräbern beobachtet
Tabea nach TOTenmessen
halbTOTe und TOTe Garnelen kurz vorm Essen.
Tabea fotografiert TOTenkopfäffchen,
TOTgeburten, Autos mit TOTalschaden
und eine TOTholzhecke, in der sie Maden
von einer TOTgeschwiegenen TOTen nach
einem TOTschlag entdeckt; ausgerechnet
nach einer TOTenfeier am TOTensonntag!
TOTalversagerin Tabea summt ein
TOTenlied im TOTwassergebiet,
wo sie der Bergwacht bei TOTenbergungen zusieht.
Sie probt die TOTenklage im TOTengewand
und hält TOTenscheine in der Hand,
während sie ein TOTenhemd zerreißt,
sich die Haare rauft, dreist
über TOTgeglaubte, HirnTOTe,
ArisTOTeles und VerkehrsTOTe
spricht und sich über die rote
Farbe auf ihrem TOTschläger und der TOTenglocke
wundert. Sie sTOTtert und zerfetzt eine Socke.
Tabea hat ein zyTOToxisches Hirnödem!
Die Wahrheit ist meist unbequem.
Bei TOTaler Sonnenfinsternis und
TOTalausfällen vom Internet
findet TOTengräberin Tabea gewinnbringende
TOToscheine unterm Bett!

T

TRACHTenausstatter Traugott

TRACHTler und TRACHTenausstatter
Traugott kassiert eine TRACHT
Prügel von einer TRACHTlerin in der Nacht
nach dem TRACHTenumzug. Wütend
beTRACHTet er handgestrickte
TRACHTengamaschen, TRACHTensocken
und TRACHTenherzen. Wie er Konflikte
mit den Frauen der TRACHTengruppen
mit ihren TRACHTentüchern und TRACHTenpuppen
hasst! Im TRACHTengeschäft reden
Damen mit TRACHTenfrisuren
über TRACHTige Umstandsmode,
bäuerliche TRACHTen und Kuren.
Eine Blondine in SchwesternTRACHT
und TRACHTenbluse macht
Bemerkungen mit NiederTRACHT über
Traugotts ungepflegte BartTRACHT!
Traugott greift nach TRACHTengürteln,
TRACHTenmessern und TRACHTenschuhen.
Mögen die überzeugten
TRACHTenträgerinnen in Frieden ruhen!

T

Triathletin Annegret

Während Annegrets ältere Schwester näht
und ihr Bruder Rasen mäht,
sitzt Annegret auf ihrem Sportgerät,
dem Rad. – Ein Bauer sät,
der andere erntet und belädt
seinen Anhänger. Hinterm Stall kräht
ein Hahn und Annegret gerät
langsam ins Schwitzen. Die Trainingsqualität
ist enorm wichtig! Mittags brät
Annegret Kartoffeln und es bläht
sie danach bei ihrer Spezialität,
dem Kraulschwimmen, ein bisschen. Spät
abends trifft Annegret ihren Freund, der Diät
halten muss und den sie ernährungsmäßig berät.
Während Annegrets Freund sich im Bett umdreht,
und draußen im Dunkeln der Wind weht,
steht Annegret auf, weil ein Lauf ansteht.
Mit Laufweste und Stirnlampe geht
sie raus; so ganz versteht
ihr treuer Freund die Triathletin Annegret
nie. Er spricht ein kurzes Stoßgebet.

T

TRICKbetrüger Thomas

TRICKbetrüger Thomas sitzt mit sichtbar
handgesTRICKter STRICKkappe
auf STRICKschals. Ein umsTRICKtes Schild aus Pappe,
seine TRICKkiste, STRICKsocken und STRICKutensilien
liegen vor ihm. Auf Sizilien
hat er TRICKbetrug, ZauberTRICKs, TRICKdiebstahl,
STRICKen und Taschendiebstahl auf einmal
im Gesamtpaket gelernt! Als meisterhafter TRICKtäter
zieht er mit einer TRICKdiebin später
los. Sie wenden den Glas-Wasser-TRICK
an. Die TRICKdiebin in STRICKjacke ist dick,
täuscht TRICKreich eine Schwangerschaft vor
und beide jammern im Chor
vor Wohnungstüren. Sie erhalten Saft
oder Wasser und Thomas schafft
es, Wohnungseigentümer auszuTRICKsen
und Diebesgut zu stehlen.
Thomas kann TRICKmesser und fragwürdige
GeschäftsTRICKs empfehlen!

T

TÜRsteher Tristan

TÜRsteher Tristan verkauft zeitweise InnenTÜRen
und ernährt sich von FruchtkonfiTÜRen,
TÜRkischen Honignüssen und KuverTÜRe.
Tristan liebt unnaTÜRliche
Haarfarben und OuverTÜRen von
Beethoven. Tristans figürliche
Probleme begannen, als er durchs
durchsichtige TÜRglas
einer DrehTÜR sTÜRmte und auf vereistem Gras
beim Fußballspiel als STÜRmer
sTÜRzte; gleich anschließend!
Tristan verursacht geTÜRkte
Autounfälle und spricht fließend
TÜRkisch. Tristans TÜRkisgrüne Haare
flattern vor TÜRschildern,
während er in einer LekTÜRe mit Bildern
blättert. Tristan überprüft TÜRsprechanlage,
TÜRnotöffnung, TÜRschlösser, TÜRfeststeller,
TÜRketten, TÜRdichtungen, TÜRlüftungsgitter
und ToilettenTÜRen im Keller.
Menschenmengen durchSTÜRmen die
TÜRvorhänge und machen Krach.
VierTÜRige Limousinen und HeckTÜRmodelle
parken unterm TÜRvordach.

Ü

ÜBERS LEBEN

Während Abenteuerlustige sich auf Reisen begeben,
endet für Krebskranke der Kampf ums Überleben.
Mächtige scheinen nur nach Macht zu streben.
Geschädigte tun sich schwer mit dem Vergeben.
Einige Naturschützer erheben
mahnend den Zeigefinger und zeitgleich beben
Wände in Häusern, weil Bauherren mal eben
munter die Konjunktur beleben.
Kleine Kinder kleben
mit der Nase am Zugfenster und daneben
sitzen Erwachsene und erklären die Welt. Ableben
muss jeder mal. Drum liebe das Leben!

Ü

ÜBERS REISEN

Altenpfleger sitzen neben betagten
Greisen, füttern Meisen
und erzählen sich gegenseitig
von vergangenen Reisen.
Während Ärzte Einstichstellen von Spritzen vereisen,
denken sie an exotische Speisen auf Luxusreisen.
Waldbesitzer hauen bei guten
Holzpreisen unentwegt Schneisen
in ihre Wälder. So finanzieren sie Traumreisen.
Gleisbauarbeiter erhalten Überstundenzuschläge
bei Reparaturen an Gleisen;
sie legen das Geld beiseite für Mehrtagesreisen.
Kassenkräfte bepreisen Waren, überweisen
Rechnungen und weisen
Auszubildende ein. Nebenbei
sparen sie für Familienreisen.
Nur Naturliebhaber hören die Stimmen, die leisen
von Vögeln, die über zerstörten
Lebensräumen kreisen.

ÜBER ZUFRIEDENHEIT

An der U-Bahn-Haltestelle ‚Zur Friedenspromenade'
schlürfen Frieda und Wilfried
zufrieden heiße Schokolade.
Der Siegfried ist ein unzufriedener Bengel
und verunstaltet eines Nachts den Friedensengel.
Katzen und Hunde sind friedliche Tiere.
In Frieden leben möchten vermutlich auch Stiere.
Unruhestifter stiften Unfrieden gern
auch auf Friedensfesten,
während Friedensnobelpreisträger ihre
soeben entworfenen Reden testen.
Krieg und Frieden gibt's als virtuelles Spiel.
Der Friedhof ist kein sehr begehrtes Ziel.

U

UNFALLchirurgin Ursula

UNFALLchirurgin Ursula betreut beim
ReaktorUNFALL verUNFALLte Personen
alleine, weil die UNFALLärzte von
beiden UNFALLstationen
des UNFALLkrankenhauses erkrankten. Zwei
UNFALLopfer haben UNFALLneurosen,
sämtliche UNFALLverhütungsvorschriften und
UNFALLprävention ignoriert, einen großen
Durst und keine UNFALLzusatzversicherungen.
Das ganze UNFALLgeschehen
und sogar das UNFALLdatum vom
ArbeitsUNFALL sehen
alle unterschiedlich! Beim UNFALLbericht-Erfassen
erkranken zwei UNFALLgutachter der UNFALLkassen
plötzlich. Ein UNFALLzeuge hat
Angst vorm UNFALLtod
und stirbt mysteriöserweise beim
BootsUNFALL im Rettungsboot.
Ursula erstellt an UNFALLorten
UNFALLskizzen und UNFALLberichte.
Nach einem BeinaheUNFALL erschlägt sie eine Fichte!

U

Unruhige Zeiten

Zeitungen berichten im Internet über diverse Pleiten
von namhaften Großunternehmen,
über geplante, große Hochzeiten
von Fußballspielern sowie über Gewerkschaften,
die streiten und zum Streik aufrufen.
Während Bauarbeiter arbeiten, erliegt der
Straßenverkehr nicht nur in Stoßzeiten.
Während Fabrikschlote und Baumaschinen
zudem Abgasmassen verbreiten,
dürfen Papierfabriken kontrolliert
Abwässer in Flüsse leiten,
weil das Auffinden von Leitungslecks
mit Schwierigkeiten
verbunden ist und beim Abschalten lange
Ausfallzeiten entstehen würden. Auf
neu angelegten und überbreiten
Waldwegen ist für Reiter zeitweise das Reiten
streng untersagt, weil Waldarbeiter
Baumstämme zu Holzscheiten
und Holzpellets verarbeiten; auf
Amerikas endlosen Weiten
der Prärie wird zeitgleich gefrackt. Fische gleiten
tot an Wasseroberflächen dahin
und Trauergäste schreiten
zum selben Zeitpunkt hinter Särgen.
Bestattungsinstitute bereiten
Trauerfeiern vor, denn so mancher stirbt beizeiten.

U

UNTERnehmensberater GUNTER

UNTERnehmensberater GUNTER gefällt
sein bUNTER Abend! MUNTER,
betrunken und bekifft UNTERhält er sich UNTER
anderem mit einem freundlichen,
UNTERhaltsamen, ehemaligen UNTERoffizier
über UNTERwassermusik und UNTERprivilegierte
UNTERschichten, bei Edelbier.
Der UNTERoffizier UNTERbricht die
UNTERhaltung und UNTERtreibt,
als er die riesengroße fliegende
UNTERtasse beschreibt,
die UNTER der UNTERführung beim
UNTERgrundbahnhof abhebt!
GUNTER ruft die Polizei; seine UNTERlippe bebt
dabei! Beide suchen einen UNTERschlupf
zum UNTERtauchen.
Die Polizisten sprechen ermUNTERnde
Worte und rauchen
dann bereitwillig mit dem
UNTERoffizier und GUNTER.
Auf der UNTERtasse lassen Außerirdische
UNTERhosen herUNTER!

V
VON BLINDEN UND LINDEN

Unter drei mannshohen jungen Linden
tollen die Blindenhunde der Blinden
munter umher. Die Blinden befinden
sich im lindgrünen Haus mitten in Minden.
Annelinde und Gerlinde basteln an Blumengebinden,
die sie geschickt mit Basteldraht umwinden.
Zum Aufbrühen von Lindenblütentee verschwinden
sie in der Küche. Bei gutem Befinden
sprechen sie fast gleichmütig übers Erblinden.

V

VON KORN UND KÖRNERN

Zwei kornblumenblaue Katzenaugen
leuchten aus dem Kornfeld
und im großen Schrebergarten daneben fällt
ein Mann einen Kornelkirschbaum. Ein Bäcker stellt
grobkörnige Mehrkornsemmeln her; seit Tagen quält
ihn ein Gerstenkorn am Auge. Etwas Geld
kostet Schneckenkorn, während man auf der Welt
Hagelkörner, Sandkörner und
körnigen Schnee gratis erhält.
All seine Körner gibt der Held
im sportlichen Vergleich, der danach
Frischkornmüsli bestellt.
Ob ein Mensch, der sich durchwegs verstellt,
etwas sagt, was ein Körnchen Wahrheit enthält?

VON PFLICHTEN

Hundebesitzer lassen ihre Hunde von
Hundetrainern abrichten, anschließend lassen
sie sich vom Passbildfotografen ablichten,
wobei sie die übrigen Bilder gern vernichten
würden, so ganz spontan. Gänzlich andere Absichten
haben gute Portraitfotografen,
die sich dazu verpflichten,
Hintergrund und Gesichter möglichst
schmeichelhaft zu belichten.
Berufsboxer und Gewichtheber
trainieren täglich mit Gewichten.
Gastwirte sollten bei einfachen und deftigen
Gerichten möglichst keine Mogelpackungen
servieren – doch öfter verdichten
sich die Hinweise darauf. Gute Schlichter schlichten
bei Gerichtsprozessen und Topreporter
schreiben in Exklusivberichten
darüber. Während brave Schüler gut gelaunt
spannende Detektivgeschichten lesen, lassen
Großinvestoren von Billiglöhnern Gebäude errichten,
für deren Stahlbetonwände sie ganze
Wälder vernichten, um an die darunter
liegenden Sandschichten
zu gelangen. Dicke Straßenköter
und Obdachlose verrichten
ihr Geschäft und gierige Investmentbanker
werden mitnichten
je auf irgendein gewinnbringendes
Geschäft verzichten.

V

VOM FINDEN

Eine Blumenbinderin denkt sich
beim Blumen binden,
dass sie sich niemals ohne Blumen abfinden
könnte, in ihrem Leben. Die Blinden
lernen, sich in ihrer ewigen
Dunkelheit zurechtzufinden.
Spechte klopfen und hämmern
lautstark an Baumrinden,
sofern sie Baumstämme in
senkrechter Form vorfinden.
Bei schlimmen Unfällen mit
Schwerverletzten verbinden
Helfer Wunden mit allem, was sie auffinden
können. Hunde, die sich beim Tierarzt befinden,
schaffen es, sich aus dem Halsband herauszuwinden.
Frag Krebspatienten nach Wünschen
und ihrem Befinden:
Sie werden wünschen, dass ihre
Karzinome verschwinden!

V

VOM FRIEDEN

Siegfried und Frieda sind frisch geschieden;
seit dieser Übereinkunft leben beiden sehr zufrieden
im selben Haus. Dahinter ruht in Frieden
ihr gemeinsamer Hund. Der war
unlängst dahingeschieden.
Nachbar Friedhelm berichtet, dass
beide sehr verschieden
sind. Scheinbar friedlich kreisen
Schwärme von Fliegen
im hinteren Gartenteil. An der Umfriedung liegen
die Gebeine des Hundes begraben. Bisher vermieden
Siegfried und Frieda einträchtig
und ganz entschieden,
dies publik zu machen. Neuerdings testen
die beiden diverse Friedenszeremonien
auf großen Friedensfesten.
Manchmal wollen sie die Atmosphäre
absichtlich verpesten –
und erzählen von des Hundes
sterblichen Überresten.

V

VOM Überleben

Während Zitterspinnen ihre Netze in
Obdachlosenheimen weben,
lassen Politiker Wahlplakate auf
überdimensionale Litfaßsäulen kleben.
Insekten und komplette Bienenvölker
sirren und schweben
durch Großstädte, weil auf dem Land neben
Monokulturen keine Blumen mehr
die Ackerraine beleben.
Inhaber von Großkonzernen und
geldgierige Investoren streben
unaufhörlich nach Macht und viele Kinder erleben
künstliche Welten in Freizeitparks.
Monströse Bagger heben
allerorts Baugruben aus; ob Götter
Bausünden vergeben?
Erdbeben lassen kurzfristig irgendwo die Erde beben
und im Krankenhaus predigt ein Seelsorger soeben:
‚Sorge dich nicht, sondern liebe das Leben!'

V

VORSORGE

Vorsorglich lassen Gesunde
Vorsorgeuntersuchungen über sich ergehen.
Vorsorglich müssen Weltenbummler einige
Vorsorgeimpfungen überstehen.
Vorsorglich wird sauberem
Trinkwasser Chlor beigemengt.
Vorsorglich wird bei manchem das
Cholesterin abgesenkt.
Vorsorglich nehmen Menschen
Vitamine in Pillenform.
Vorsorglich entspricht das Obst
der Europäischen Norm.
Vorsorglich wird man Saatgut mit
Pflanzenschutzmitteln beizen.
Vorsorglich fällen Waldarbeiter
viele Bäume zum Verheizen.
Vorsorglich verhandeln Politiker geheim
in geschlossenen Sitzungssälen.
Vorsorglich erwägen Pressesprecher
genau, was sie weitererzählen.
Vorsorglich entfernen Zahnärzte die
Keime von Weisheitszähnen.
Vorsorglich möchten Lebende Erben
im Testament erwähnen.

W

WERTtransportfahrer Wim

WERTtransportfahrer Wim beschäftigen
seine MinderWERTigkeitskomplexe,
NährWERTtabellen, erhöhte BlutfettWERTe,
zwei Tumorgewächse
und der bemerkensWERT hohe BlutzuckerWERT,
der ihm das Leben erschWERT.
Sein Magen beschWERT sich wegen der vielen
Medikamente. Mit WERTschätzender und
WERTeorientierter Unternehmensführung erzielen
seine Arbeitgeber angeblich
nennensWERTe Gewinne. Wim fühlt
sich minderWERTig, elend und WERTlos und spült
VollWERTbrot mit hochprozentigem
Kräuterschnaps in seinen Magen.
Er fährt am WERTstoffhof und den
MüllverWERTungsanlagen
vorbei, berechnet den WERT der WERTvollen Fracht
seines WERTtransporters und seiner
WERTpapiere und macht
sich in grenzWERTiger Geschwindigkeit
einfach von dannen.
Auf zu SchWERTwalen, SchWERTfischen,
Steppen und Savannen!

W

WETTERexpertin Wiebke

WETTERexpertin Wiebke lauscht
UnWETTERwarnungen, WETTERentwicklung
und WETTERberichten,
während sie sich völlig WETTERunabhängig
mehrere Schichten
Make-Up ins Gesicht kleistert. Die WETTERfee
blickt auf die WETTERfahne und trinkt Tee
gegen ihre Alkoholfahne. Bei
SchmuddelWETTER und WETTERkapriolen
muss die WETTERfühlige WETTERvorhersagerin
Wiebke WETTERjacken holen,
die sie nach WETTERexperimenten
in Schulen verkauft.
Bei KaiserWETTER werden WETTERfrosch
und WETTERhahn getauft
und bei SchauerWETTER reist
Wiebke mit WETTERkarten,
WETTERprognosen, WETTERdaten und
ReiseWETTERberichten WETTERnd
zwischen WETTERwarten,
WETTERstationen und der WETTERzentrale umher.
Bei WETTERextremen fällt's ihr schwer,
im WETTERstudio die WETTERsendung
samt WETTERaussichten vorzutragen.
Beim WETTERquiz hat sie Alkohol im Magen.

W

WILDhüter Wigald

WILDhüter Wigald WILDert selbst. WILDhege,
WILDverbiss, RotWILD, WILDjäger und Forstwege
spioniert er im nachbarlichen WILDrevier
aus. WILDragout, WILDreis und Bier
bestellt er im Gasthof ‚WILDdieb' im WILDpark,
wo er mit WILDpflegern in WILDlederjacken lautstark
über reduzierte WILDbestände und
belasteten WILDlachs spricht.
WILDniswanderern und WILDcampern
in freier WILDbahn zersticht
Wigald heimlich die Reifen.
WILDzaunpfähle und WILDgatter
fertigt Wigald selber an. Beim WILDen Geschnatter
seiner WILDgänse denkt Wigald an
WILDbraten, WILDpreiselbeeren
und WILDquitten. WILDhüter
Wigald stirbt beim schweren
WILDunfall wegen WILDwechsels in
der einsetzenden Dämmerung!
Wigalds WILDmeerschweinchen und
WILDziegen sind ganz jung.

WilHELMine und KonRAD

WilHELMine RADelt an KonRAD auf der ZielgeRADen
beim RADmarathon vorbei. Wegen
einem kleinen Schaden
am HinterRAD und dem geRADe
überstandenem Fieber,
das hochgRADig war, lässt KonRAD
vorsichtshalber lieber
WilHELMine den Vortritt. WilHELMine fällt im Ziel
ihr roter RADHELM hinunter und nicht viel
später verwickelt KonRAD die
scHELMisch grinsende WilHELMine
ins Gespräch. Sie reden über
RADveranstaltungen, Termine
und mehr. Der RADiomoderator
ist richtig verschossen
in die unbeHELMte RADiologin,
samt ihrer Sommersprossen.
KonRAD lädt WilHELMine auf einen
paRADiesisch schönen
RADurlaub ein und WilHELMine lässt sich verwöhnen.
Beide mögen RADonwasser, sind
wegen RADioaktiver Strahlung
besorgt und essen RADieschensalat bei
‚RADiomusikalischer' Untermalung.

W

WINDparkbetreiber Gustav

WINDkraftgegner überWINDen
WINDparkbetreiber Gustavs Mauern
geschWIND bei StarkWINDböen und Regenschauern.
WINDige Schrauben samt
SchraubgeWINDEn, WINDrosen,
Gustavs WINDhunde und die großen
WINDbrechenden WINDnetze
verschWINDen spurlos. Dreckige
WINDeleimer, WINDjacken, WINDeln und speckige,
WINDdichte Hosen umwirbeln
WINDräder. WINDschief
liegt Gustav im Bett, tief
schlafend! Er scheint durch die
SchWINDsucht dahinzuschWINDen!
WINDparkanleihen, WINDlichter,
WINDparkbeteiligungs-Scheine
und WINDbeutel befinden
sich auf dem Tisch neben
WINDmessern, WINDtabellen,
GeWINDelochreiniger und Miniatur-
WINDmühlen. Während einigen schnellen
Bewegungen und WINDgeräuschen kämpft
Gustav mit SchWINDelanfällen.
Ein Notarztteam ist in WINDeseile zur Stelle!
Im WINDzug erkrankt er zusätzlich an WINDpocken.
Bei WINDstille gerät sein Atem ins Stocken.

W

Wirtin Gisela

Während Giselas Hunde im grellen
Sonnenlicht vergnügt umherspringen und bellen,
sammelt sie Pilze mit Lamellen.
Auf dem Grundstück wurden Bahnschwellen
vor Jahrzehnten imprägniert. Einige Stellen
sind übersät mit eigenartig hellen
Pilzen. Sie wirft einen schnellen
Blick ins Pilzbestimmungsbuch, um festzustellen,
dass dort Pilze mit Dellen
eigentlich genau die ihrigen darstellen.
Ihre Köche schwingen die Schöpfkellen
und servieren dann den Gesellen
am Tisch neben den Bärenfellen
Pilzsuppe; Pilzgifte überschwemmen
die Körperzellen
und Übelkeit befällt die Gäste in Wellen.
Gisela kann sich bei diesen Gesellen vorstellen,
dass die sie um die Zeche prellen!
Spontan will sie auswandern; auf die Seychellen.

W

WIRTshausbesitzer Wolfhard

Wolfhard leiht seine WIRTstöchter
bei unWIRTlichem Wetter
dem HolzWIRT neben seiner
GartenWIRTschaft zum Bretter
tragen. Die WIRTssöhne helfen in
landWIRTschaftlichen Betrieben,
beim WIRTefest und dem KantinenWIRT. Alle sieben
WIRTskinder bekommen vom AlmWIRT
Unterricht über WIRTspflanzen
und WIRTstiere. Beim ‚Ball der
WIRTschaftswissenschaftler' tanzen
die WIRTsleute durch WIRTsstuben
in den WIRTsgarten.
Gemeinsam mit WIRTschaftsprüfern,
WIRTschaftsingenieuren und
WIRTschaftsflüchtlingen warten
sie auf WIRTschaftswunder und
WIRTschaftswachstum im WIRTschaftsjahr!
LandWIRTe, BierWIRTe und ein
BetriebsWIRT erklären wunderbar
in einem Kabarettstück WIRTschaftsrecht,
WIRTschaftskrisen
und wie man alles genießen
kann; ohne WIRTschaftsgeld. Was
nicht im WIRTschaftsblatt
steht: ‚Genießen kann nur, wer GESUNDHEIT hat!'

WISSENschaftler Wilfried

GeWISSENhaft heftet GeistesWISSENschaftler
Wilfried WISSENsfragen
aus WISSENsquellen zu allerneuesten WISSENslagen
im ‚WISSENshorizonte-Ordner' ab. WISSENsziele
will er WISSENshungrig durch WISSENsspiele,
WISSENsquizze und WISSENsaustausch mit
WISSENschaftlichen Mitarbeitern erlangen.
Mit WISSENdem Blick und stark geröteten Wangen
spricht er über gesellschaftliche
WISSENsverhältnisse und WISSENspolitiken
und will SozialWISSENschaftler in
hochWISSENschaftliche Gespräche verstricken.
In AllgemeinWISSEN und AlltagsWISSEN
hat Wilfried WISSENslücken,
die er durch SpezialWISSEN und
SprachWISSEN überbrücken
kann. Auf WISSENschaftskongressen
befriedigt er seinen WISSENsdurst,
wobei er einmal unWISSENtlich
bakteriell verseuchte Wurst
verspeist. Von allWISSENden
ErnährungsWISSENschaftlern mit viel FachWISSEN
lässt er sich WISSENswertes über
ErnährungsWISSENschaften auftischen,
nach einem kurzen Krankenhausaufenthalt.
In Wilfried entfacht
große WISSENsgier nach WISSENszuwachs.
‚WISSEN ist Macht'!

W

WOLFGANGs Traum

Nach WerWOLF-Filmen und
einigen GANGster-Streifen
träumte WOLFGANG, ein WOLFshund
wollte ihn angreifen.
Bei SonnenunterGANG stand das
Tier vorm HauseinGANG
und knurrte. Schmatzend und
unendlich gierig verschlang
es das rohe Fleisch, das WOLFGANG
neben dem FleischWOLF fand. Ihm gelang
es, den WOLFshunger des Tieres zu stillen.
Als er erwachte, dachte er mit Widerwillen
an den Traum aus der verGANGenen Nacht.
Der WOLF braucht Fleisch; doch was macht
Menschen zu Raubtieren, wie Wölfe im WOLFsrudel?
Heute überfällt WOLFGANG nurmehr
WOLFsappetit auf Apfelstrudel.

W

WUNDerheilerin Elvira

Vor verWUNDerten und verWUNDeten Kunden
bespricht Elvira in ihren Therapiestunden
WUNDbehandlung, WUNDdesinfektion
und sämtliche WUNDheilungsphasen
mit ihren beiden WUNDerschönen Angorahasen.
Dutzende WUNDerlampen und
WUNDerbäume stehen zwischen Büchern
über WEltWUNDer, MedizinWUNDer und
WUNDerpferde. Mit WUNDtüchern,
WUNDgel und WUNDpflastern an gesunden
Stellen heilt die WUNDerheilerin WUNDen;
das geben WUNDmanager der WUNDambulanz
unumWUNDen verWUNDert
zu! Die WUNDerheilung bei
HaarschWUND kostet fünfhundert
Euro inklusive eines Topfs mit Echtem WUNDklee.
Bei ZahnfleischschWUND gibt's
Bilderbücher von der Zahnfee.

W

WURSTfabrikant Ulf

WURSTfabrikant Ulfs Hunde lieben FleischWURST
und WURSTwasser gegen den Durst
bekommen sie im WURSTglas serviert.
Neue FrischWURSTsorten und WURSTsalate probiert
Ulf gemeinsam mit seinen WURSTverkäuferinnen,
bevor sie den WURSTverkauf beginnen.
Ulf hat mit anderen WURSTproduzenten
drei WURSTclubs unter den WURSTkonsumenten.
Ulf kreiert vergnügt ein WURSTgesicht
und legt einen WURSTfinger dicht
an die WURSTschneidemaschine. Ulf hasst
WURSTiges Verhalten und heimlich verpasst
er sich ein Pflaster. Blutstropfen
vermengen sich beim BratWURST stopfen
mit WURSTbrät. Für den ‚traditionellen
WURSTball' darf Ulf BlutWURST herstellen.
Er wickelt WURSThaut und WURSThüllen
um den Finger; beim Abfüllen
der WURSTsuppe schmerzt die Wunde.
Ulf WURSTelt noch eine Stunde
und stellt fürs WURSTbuffet WURSTreste
und WURSTgulasch für die Gäste
zusammen. Er bestellt ZiegenWURST aus dem Tessin
und vereinbart leise hinterm
WURSTfülltrichter einen Arzttermin.

Z

ZIEGEnhirte Zacharias

ZIEGEnhirte Zacharias errichtet mit ZIEGEnbauern
rings um seinen ZIEGEnhof ZIEGElmauern
und kleine ZIEGElhäuser in
ZIEGElbauweise mit ZIEGElböden.
Von der Inhaberin einer ZIEGElei, dieser blöden
ZIEGE, trennt er sich. Zacharias stapelt ZIEGElplatten
und schnüffelt ZIEGElkleber und
ZIEGEllack im Schatten
des ZIEGElwerks am ZIEGElteich.
Zacharias verkauft ZIEGEnwurst,
ZIEGEnbraten, ZIEGEndung, PlüschZIEGEn
und ZIEGEnjoghurt; gegen Durst
trinkt er ZIEGEnmilch. Am ZIEGEleisee
neben DachZIEGEln
findet Zacharias ZIEGElrote
Risspilze neben toten Igeln.
Er kocht aus ZIEGElroten Risspilzen am ZIEGElkamin
einen Eintopf und würzt ZIEGEnfleisch mit Curcumin.
Zacharias bekocht die blöde ZIEGE der ZIEGElei!
ZIEGELn ziehen im ZIEGElaufzug an ihr vorbei,
und die vielen giftigen ZIEGElroten
Risspilze schnüren
ihren Atem ab. Sie kann's stark spüren!

ZIMMERmann Julian

‚Die Axt im Haus erspart den ZIMMERmann.'
Julian ZIMMERt der VorZIMMERdame der
ZIMMERei dann und wann ZIMMERausstattung
und ZIMMERdekoration. Jede Unterhaltung
handelt von ZIMMERaufteilung,
ZIMMERgewächshäusern, ZIMMERfarben
und ZIMMERgestaltung.
ZIMMERdecken und ZIMMERwände
der FremdenZIMMER
nebenan streicht Julian abends immer
mit der netten ZIMMERkellnerin hinter
verschlossener ZIMMERtür.
Für ZIMMERpflanzen besitzt er
ein untrügliches Gespür.
Neben der defekten ZIMMERbrunnenpumpe
hinter ZIMMERnummer sieben
hat es Julian mit einer
SchiffsZIMMERmeisterin getrieben;
danach bei ZIMMERtemperatur und
ZIMMERlautstärke im ZIMMERzelt
im KaminZIMMER. Das ist mit
ZIMMERfarn vollgestellt!
Julian stößt mit dem ZIMMERmädchen Susanne
unterm BadeZIMMERwaschbecken
gegen die kleine ZIMMERtanne.
Ganz generell benimmt ZIMMERmann
Julian sich bald
in GastZIMMERn wie die Axt im Wald!

Z

ZUCKERwatteverkäufer Hans-Peter

Hans-Peter besichtigt ZUCKERfabriken,
ZUCKERrübenfelder und den ZUCKERhut.
Der ZUCKERkonsum bekommt
seinen Zähnen nicht gut
und seine ZUCKERkranke Freundin Pauline
vertritt ihn hinter der ZUCKERwattemaschine,
wenn er seine Schmerzen in ZUCKERrohrschnaps,
ZUCKERmelonenweinen
und ZUCKERlikör ertränkt und
TraubenZUCKER und einen
kleinen ZUCKERkuchen mit ZUCKERguss futtert.
ZUCKERbrote, ZUCKERerbsen
und ZUCKERmais buttert
Hans-Peter zusätzlich mit geZUCKERter
Butter. Im dichten
Trubel beim ZUCKERfest rammt ein
Lastkraftwagen ZUCKERhutfichten
und Hans-Peter samt
ZUCKERwattestäbchen in der Hand.
Hans-Peter liegt verletzt neben KristallZUCKER
beim ZUCKERwattestand!

Z

Zur gleichen Zeit

Während magere Maler Wände streichen,
gelingt dicken Managern das Einstreichen
von einigen satten Prämien. Butterweichen
Stollen und einige Medikamente verabreichen
eifrige Krankenschwestern genau zur gleichen
Zeit einigen schwerkranken, reichen Scheichen!
In den großzügigen Krankenhaus-Kellerbereichen
liegen leichenblasse Leichen;
Medizinstudenten umschleichen
diese derweil still. Etliche Blindschleichen
verenden zeitgleich zwischen zwei Teichen
wegen schlechter Wasserqualität. Politiker weichen
Naturschutzgesetze währenddessen auf. Zwei Eichen
setzen daraufhin ein leises Zeichen
und verwandeln sich in Baumleichen.

Buchautorin Birgit

Birgit Hufnagl wurde 1968 in
München geboren, am 25. MAI.
Der viele Ausdauersport draußen und ZWEI
Katzen bilden die Quelle für Inspirationen
und für neue IDEEN.
Sie lässt sich auf Bühnen SEHEN
mit den Reimen von A bis Z
und nennt das Ganze 'REIMKABARETT'.

Inhalt

A 4
B 13
C 27
D 30
E 50
F 53
G 66
H 76
I 91
J 93
K 95
L 116
M 125
N 136
O 140
P 143
R 148
S 158
T 185
Ü 199
U 202
V 205
W 212
Z 223